BIBLIOTHÈQUE CHOISIE

LE
DIABLE AMOUREUX

PAR

CAZOTTE

LE
DÉMON MARIÉ

PAR

MACHIAVEL

50 centimes

PARIS

BUREAU DE LA BIBLIOTHÈQUE CHOISIE
28, RUE DES BONS-ENFANTS

1853

LE DIABLE AMOUREUX. 3760

LE DÉMON MARIÉ.

Paris.—Imprimerie Guiraudet et Jouaust, 338, rue S.-Honoré.

LE

DIABLE AMOUREUX

PAR

CAZOTTE

LE

DÉMON MARIÉ

PAR

MACHIAVEL

PARIS

BUREAU DE LA BIBLIOTHÈQUE CHOISIE

28, RUE DES BONS-ENFANTS

1853

LE

DIABLE AMOUREUX

I.

J'étais à vingt-cinq ans capitaine aux gardes du
roi de Naples. Nous vivions beaucoup entre camarades, et comme des jeunes gens, c'est-à-dire des
femmes, du jeu, tant que la bourse pouvait y suffire ;
et nous philosophions dans nos quartiers quand nous
n'avions plus d'autre ressource.

Un soir, après nous être épuisés en raisonnements
de toute espèce autour d'un très petit flacon de vin
de Chypre et de quelques marrons secs, le discours
tomba sur la cabale et les cabalistes.

Un d'entre nous prétendait que c'était une science
réelle, et dont les opérations étaient sûres ; quatre
des plus jeunes lui soutenaient que c'était un amas
d'absurdités, une source de friponneries, propres à
tromper les gens crédules et amuser les enfants. —
Le plus âgé d'entre nous, Flamand d'origine, fumait
une pipe d'un air distrait, et ne disait mot. Son air
froid et sa distraction me faisaient spectacle à travers
ce charivari discordant qui nous étourdissait, et

m'empêchait de prendre part à une conversation trop réglée pour qu'elle eût de l'intérêt pour moi.

Nous étions dans la chambre du fumeur, la nuit s'avançait ; on se sépara, et nous demeurâmes seuls, notre ancien et moi.

Il continua de fumer flegmatiquement ; je demeurai les coudes appuyés sur la table, sans rien dire. Enfin mon homme rompit le silence.

« Jeune homme, me dit-il, vous venez d'entendre beaucoup de bruit ; pourquoi vous êtes-vous tiré de la mêlée ? — C'est, lui répondis-je, que j'aime mieux me taire que d'approuver ou blâmer ce que je ne connais pas : je ne sais pas même ce que veut dire le mot *cabale*. — Il a plusieurs significations, me dit-il ; mais ce n'est point d'elles dont il s'agit, c'est de la chose. Croyez-vous qu'il puisse exister une science qui enseigne à transformer les métaux et à réduire les esprits sous notre obéissance ? — Je ne connais rien des esprits, à commencer par le mien, sinon que je suis sûr de son existence. Quant aux métaux, je sais la valeur d'un carlin au jeu, à l'auberge et ailleurs, et ne peux rien assurer ni nier sur l'essence des uns et des autres, sur les modifications et impressions dont ils sont susceptibles. — Mon jeune camarade, j'aime beaucoup votre ignorance ; elle vaut bien la doctrine des autres : au moins vous n'êtes pas dans l'erreur, et, si vous n'êtes pas instruit, vous êtes susceptible de l'être. Votre naturel, la franchise de votre caractère, la droiture de votre esprit, me plaisent. Je sais quelque chose de plus que le commun des hommes : jurez-moi le plus grand secret sur votre parole d'honneur, promettez de vous conduire avec prudence, et vous serez mon écolier. — L'ouverture que vous me faites, mon cher Soberano, m'est très agréable. La curiosité est ma plus forte passion. Je vous avouerai que naturellement j'ai peu d'empressement pour nos connaissances ordinaires : elles m'ont toujours semblé trop bornées, et j'ai deviné cette sphère élevée dans laquelle vous voulez m'aider à m'élancer. Mais quelle est la première clef de la science dont vous parlez? Selon ce que disaient nos camarades en disputant, ce sont les esprits euxmêmes qui nous instruisent : peut-on se lier avec eux? — Vous avez dit le mot, Alvare : on n'apprendrait rien de soi-même; quant à la possibilité de nos liaisons, je vais vous en donner une preuve sans réplique. »

Comme il finissait ce mot, il achevait sa pipe ; il frappe trois coups pour faire sortir un peu de cendre qui restait au fond, la pose sur la table assez près de moi ; il élève la voix : « Calderon, dit-il, venez chercher ma pipe, allumez-la, et rapportez-la moi. »

Il finissait à peine le commandement, je vois disparaître la pipe ; et, avant que j'eusse pu raisonner sur les moyens, ni demander quel était ce Calderon chargé de ses ordres, la pipe allumée était de retour, et mon interlocuteur avait repris son occupation.

Il la continua quelque temps, moins pour savourer le tabac que pour jouir de la surprise qu'il m'occasionnait; puis, se levant, il dit: « Je prends la garde au jour, il faut que je repose. Allez-vous coucher ; soyez sage, et nous nous reverrons. »

Je me retirai plein de curiosité et affamé d'idées nouvelles, dont je me promettais de me remplir bientôt par le secours de Soberano. Je le vis le lendemain, les jours ensuite; je n'eus plus d'autre passion; je devins son ombre.

Je lui faisais mille questions; il éludait les unes et répondait aux autres d'un ton d'oracle. Enfin je le

pressai sur l'article de la religion de ses parents.
« C'est, me répondit-il, la religion naturelle. »

Nous entrâmes dans quelques détails ; ses décisions cadraient plus avec mes penchants qu'avec mes principes ; mais je voulais venir à mon but et ne devais pas le contrarier.

« Vous commandez aux esprits, lui disais-je ; je veux, comme vous, être en commerce avec eux ; je le veux, je le veux ! — Vous êtes vif, camarade ! vous n'avez pas subi votre temps d'épreuve ; vous n'avez rempli aucune des conditions sous lesquelles on peut aborder sans crainte cette sublime catégorie... — Et me faut-il bien du temps ? — Peut-être deux ans. — J'abandonne ce projet, m'écriai-je : je mourrais d'impatience dans l'intervalle. Vous êtes cruel, Soberano. Vous ne pouvez concevoir la vivacité du désir que vous avez créé dans moi, il me brûle... — Jeune homme, je vous croyais plus de prudence ; vous me faites trembler pour vous et pour moi. Quoi ! vous vous exposeriez à évoquer des esprits sans aucune des préparations... — Eh ! que pourrait-il m'en arriver ? — Je ne dis pas qu'il dût absolument vous en arriver du mal : s'ils ont du pouvoir sur nous, c'est notre faiblesse, notre pusillanimité qui le leur donne ; dans le fond, nous sommes nés pour les commander. — Ah ! je les commanderai ! — Oui, vous avez le cœur chaud ; mais si vous perdez la tête, s'ils vous effraient à certain point... — S'il ne tient qu'à ne les pas craindre, je les mets au pis pour m'effrayer. — Quoi ! quand vous verriez le Diable ? — Je tirerais les oreilles au grand Diable d'enfer. — Bravo ! si vous êtes si sûr de vous, vous pouvez vous risquer, et je vous promets mon assistance. Vendredi prochain, je vous donne à dîner avec deux des nôtres, et nous mettrons l'aventure à fin. »

II.

Nous n'étions qu'à mardi ; jamais rendez-vous galant ne fut attendu avec tant d'impatience. Le terme arrive enfin ; je trouve chez mon camarade deux hommes d'une physionomie peu prévenante ; nous dînons. La conversation roule sur des choses indifférentes.

Après dîner, on propose une promenade à pied vers les ruines de Portici. Nous sommes en route, nous arrivons. Ces restes des monuments les plus augustes, écroulés, brisés, épars, couverts de ronces, portent à mon imagination des idées qui ne m'étaient pas ordinaires. « Voilà, disais-je, le pouvoir du temps sur les ouvrages de l'orgueil et de l'industrie des hommes. » Nous avançons dans les ruines, et enfin nous sommes parvenus presque à tâtons, à travers ces débris, dans un lieu si obscur, qu'aucune lumière extérieure n'y pouvait pénétrer.

Mon camarade me conduisait par le bras ; il cesse de marcher, et je m'arrête. Alors un de la compagnie bat le fusil et allume une bougie. Le séjour où nous étions s'éclaire, quoique faiblement, et je découvre que nous sommes sous une voûte assez bien conservée, de vingt-cinq pieds en carré à peu près, et ayant quatre issues.

Nous observions le plus parfait silence. Mon camarade, à l'aide d'un roseau qui lui servait d'appui dans sa marche, trace un cercle autour de lui sur le sable léger dont le terrain était couvert, et en sort après y avoir dessiné quelques caractères. « Entrez dans ce penthacle, mon brave, me dit-il, et n'en sortez qu'à bonnes enseignes. — Expliquez-vous

mieux ; à quelles enseignes en dois-je sortir ? —
Quand tout vous sera soumis ; mais avant ce temps,
si la frayeur vous faisait faire une fausse démarche,
vous pourriez courir les risques les plus grands. »

Alors il me donne une formule d'évocation courte,
pressante, mêlée de quelques mots que je n'oublie-
rai jamais.

« Récitez, me dit-il, cette conjuration avec fermeté, et appelez ensuite à trois fois clairement Béelzébuth, et surtout n'oubliez pas ce que vous avez
promis de faire. »

Je me rappelai que je m'étais vanté de lui tirer les
oreilles. « Je tiendrai parole, lui dis-je, ne voulant
pas en avoir le démenti. — Nous vous souhaitons
bien du succès, me dit-il ; quand vous aurez fini,
vous nous avertirez. Vous êtes directement vis-à-vis
de la porte par laquelle vous devez sortir pour nous
rejoindre. » Ils se retirent.

Jamais fanfaron ne se trouva dans une crise plus
délicate. Je fus au moment de les rappeler ; mais il
y avait trop à rougir pour moi ; c'était d'ailleurs re-
noncer à toutes mes espérances. Je me raffermis sur
la place où j'étais, et tins un moment conseil.

On a voulu m'effrayer, dis-je ; on veut voir si je
suis pusillanime. Les gens qui m'éprouvent sont à
deux pas d'ici, et à la suite de mon évocation je dois
m'attendre à quelque tentative de leur part pour m'é-
pouvanter. Tenons bon ; tournons la raillerie contre
les mauvais plaisants.

Cette délibération fut assez courte, quoiqu'un peu
troublée par le ramage des hiboux et des chats-
huants qui habitaient les environs, et même l'inté-
rieur de ma caverne.

Un peu rassuré par mes réflexions, je me rasseois
sur mes reins, je me piète ; je prononce l'évocation

d'une voix claire et soutenue; et, en grossissant le son, j'appelle, à trois reprises et à très courts intervalles, Béelzébuth.

Un frisson courait dans toutes mes veines, et mes cheveux se hérissaient sur ma tête.

A peine avais-je fini, une fenêtre s'ouvre à deux battants vis-à-vis de moi, au haut de la voûte; un torrent de lumière plus éblouissante que celle du jour fond par cette ouverture; une tête de chameau horrible, autant par sa grosseur que par sa forme, se présente à la fenêtre; surtout elle avait des oreilles démesurées. L'odieux fantôme ouvre la gueule, et, d'un ton assorti au reste de l'apparition, me répond : *Che vuoi?*

Toutes les voûtes, tous les caveaux des environs, retentissent à l'envi du terrible *Che vuoi?*

Je ne saurais peindre ma situation; je ne saurais dire qui soutint mon courage et m'empêcha de tomber en défaillance à l'aspect de ce tableau, au bruit plus effrayant encore qui retentissait à mes oreilles.

Je sentis la nécessité de rappeler mes forces, une sueur froide allait les dissiper; je fis un effort sur moi.

Il faut que notre âme soit bien vaste et ait un prodigieux ressort : une multitude de sentiments, d'idées, de réflexions, touchent mon cœur, passent dans mon esprit, et font leur impression toutes à la fois.

La révolution s'opère, je me rends maître de ma terreur, je fixe hardiment le spectre.

« Que prétends-tu toi-même, téméraire, en te montrant sous cette forme hideuse? »

Le fantôme balance un moment.

« Tu m'as demandé, dit-il d'un ton de voix plus bas. — L'esclave, lui dis-je, cherche-t-il à effrayer son maître ? Si tu viens recevoir mes ordres, prends une forme convenable et un ton soumis. — Maître, me dit le fantôme, sous quelle forme me présenterai-je pour vous être agréable ? »

La première idée qui me vint à la tête étant celle d'un chien : « Viens, lui dis-je, sous la figure d'un épagneul. »

A peine avais-je donné l'ordre, l'épouvantable chameau allonge le col de seize pieds de longueur, baisse la tête jusqu'au milieu du salon, et vomit un épagneul blanc à soies fines et brillantes, les oreilles traînantes jusqu'à terre.

La fenêtre s'est refermée, toute autre vision a disparu, et il ne reste sous la voûte, suffisamment éclairée, que le chien et moi.

Il tournait tout autour du cercle en remuant la queue, et faisant des courbettes.

« Maître, me dit-il, je voudrais bien vous lécher l'extrémité des pieds ; mais le cercle redoutable qui vous environne me repousse. »

Ma confiance était montée jusqu'à l'audace. Je sors du cercle, je tends le pied : le chien le lèche. Je fais un mouvement pour lui tirer les oreilles : il se couche sur le dos comme pour me demander grâce. Je vis que c'était une petite femelle.

« Lève-toi, lui dis-je, je te pardonne. Tu vois que j'ai compagnie ; ces messieurs attendent à quelque distance d'ici ; la promenade a dû les altérer : je veux leur donner une collation. Il faut des fruits, des conserves, des glaces, des vins de Grèce : que cela soit bien entendu ; éclaire et décore la salle sans faste, mais proprement. Vers la fin de la collation tu viendras en virtuose du premier talent, et tu porteras une harpe ; je t'avertirai quand tu devras paraître. Prends garde à bien jouer ton rôle ; mets de l'expression dans ton chant, de la décence, de la retenue dans ton maintien... — J'obéirai, maître, mais sous quelle condition? — Sous celle d'obéir, esclave. Obéis, sans réplique, ou..! — Vous ne me connaissez pas, maître; vous me traiteriez avec moins de rigueur : j'y mettrais peut-être l'unique condition de vous désarmer et de vous plaire. »

Le chien avait à peine fini, qu'en tournant sur le talon je vois mes ordres s'exécuter plus promptement qu'une décoration ne s'élève à l'Opéra. Les murs de la voûte, ci-devant noirs, humides, couverts de mousse, prenaient une teinte douce, des formes agréables : c'était un salon de marbre jaspé. L'architecture présentait un cintre soutenu par des colonnes. Huit girandoles de cristaux, contenant chacune trois bougies, y répandaient une lumière vive, également distribuée.

III.

Un moment après, la table et le buffet s'arrangent, se chargent de tous les apprêts de notre régal. Les fruits et les confitures étaient de l'espèce la plus rare, la plus savoureuse, et de la plus belle apparence. La porcelaine employée au service et sur le buffet était du Japon. La petite chienne faisait mille tours dans la salle, mille courbettes autour de soi, comme pour hâter le travail et me demander si j'étais satisfait.

« Fort bien, Biondetta, lui dis-je; prenez un habit de livrée, et allez dire à ces messieurs qui sont près d'ici que je les attends, et qu'ils sont servis. »

A peine avais-je détourné un instant mes regards, je vois sortir un page à ma livrée, lestement vêtu, tenant un flambeau allumé; peu après il revint conduisant sur ses pas mon camarade le Flamand et ses deux amis.

Préparés à quelque chose d'extraordinaire par l'arrivée et le compliment du page, ils ne l'étaient pas au changement qui s'était fait dans l'endroit où ils m'avaient laissé. Si je n'eusse pas eu la tête occupée, je me serais plus amusé de leur surprise; elle éclata par leur cri, se manifesta par l'altération de leurs traits et par leurs attitudes.

« Messieurs, leur dis-je, vous avez fait beaucoup de chemin pour l'amour de moi, il nous en reste à faire pour regagner Naples : j'ai pensé que ce petit régal ne vous désobligerait pas, et que vous voudriez bien excuser le peu de choix et le défaut d'abondance en faveur de l'impromptu. »

Mon aisance les déconcerta plus encore que le changement de la scène et la vue de l'élégante collation à laquelle ils se voyaient invités. Je m'en aperçus, et résolus de terminer bientôt une aventure dont intérieurement je me défiais; je voulus en tirer tout le parti possible, en forçant même la gaieté qui fait le fond de mon caractère.

Je les pressai de se mettre à table; le page avançait les siéges avec une promptitude merveilleuse. Nous étions assis; j'avais rempli les verres, distribué des fruits. Ma bouche seule s'ouvrait pour parler et manger; les autres restaient béantes. Cependant, je les engageai à entamer les fruits; ma confiance les détermina. Je porte la santé de la plus jolie courtisane de Naples; nous la buvons. Je parle d'un opéra nouveau, d'une improvisatrice romaine arrivée depuis peu, et dont les talents font du bruit à la cour. Je reviens sur les talents agréables, la musique, la sculpture; et par occasion je les fais convenir de la beauté de quelques marbres qui font l'ornement du salon. Une bouteille se vide, et est remplacée par une meilleure. Le page se multiplie, et le service ne languit pas un instant. Je jette l'œil sur lui à la dérobée : figurez-vous l'Amour en trousse de page ; mes compagnons d'aventure le lorgnaient de leur côté d'un air où se peignaient la surprise, le plaisir et l'inquiétude. La monotonie de cette situation me déplut ; je vis qu'il était temps de la rompre. « Biondetto, dis-je au page, la signora Fiorentina m'a promis de me donner un instant : voyez si elle ne serait point arrivée. » Biondetto sort de l'appartement.

Mes hôtes n'avaient point encore eu le temps de s'étonner de la bizarrerie du message, qu'une porte du salon s'ouvre, et Fiorentina entre tenant sa harpe. Elle était dans un déshabillé étoffé et modeste ; un chapeau de voyage et un crêpe très clair sur les yeux. Elle pose sa harpe à côté d'elle, salue avec aisance, avec grâce. « Seigneur don Alvare, dit-elle, je n'étais pas prévenue que vous eussiez compagnie : je ne me serais point présentée vêtue comme je suis ; ces messieurs voudront bien excuser une voyageuse. »

Elle s'assied, et nous lui offrons à l'envi les reliefs de notre petit festin, auxquels elle touche par complaisance.

« Quoi ! madame, lui dis-je, vous ne faites que passer par Naples ? on ne saurait vous y retenir ? — Un engagement déjà ancien m'y force, seigneur : on a eu des bontés pour moi à Venise au carnaval dernier ; on m'a fait promettre de revenir, et j'ai touché des arrhes ; sans cela, je n'aurais pu me refuser aux avantages que m'offrait ici la cour, et à l'espoir de mériter les suffrages de la noblesse napolitaine, distinguée par son goût au-dessus de toute celle d'Italie. »

Les deux Napolitains se courbent pour répondre
à l'éloge, saisis par la vérité de la scène au point de
se frotter les yeux. Je pressai la virtuose de nous
faire entendre un échantillon de son talent. Elle était
enrhumée, fatiguée; elle craignait avec justice de
déchoir dans notre opinion. Enfin, elle se détermina
à exécuter un récitatif obligé et une ariette pathéti-
que qui terminaient le troisième acte de l'opéra dans
lequel elle devait débuter.

Elle prend sa harpe, prélude avec une petite main
longuette, potelée, tout à la fois blanche et purpu-
rine, dont les doigts insensiblement arrondis par le
bout étaient terminés par un ongle dont la forme et
la grâce étaient inconcevables. Nous étions tous surpris; nous croyions être au plus délicieux concert.

La dame chante. On n'a pas, avec plus de gosier,
plus d'âme, plus d'expression ; on ne saurait rendre
plus, en chargeant moins. J'étais ému jusqu'au fond
du cœur, et j'oubliais presque que j'étais le créateur
du charme qui me ravissait.

La cantatrice m'adressait les expressions tendres
de son récit et de son chant. Le feu de ses regards
perçait à travers le voile ; il était d'un pénétrant,
d'une douceur inconcevables. Ces yeux ne m'étaient
pas inconnus. Enfin, en assemblant les traits tels
que le voile me les laissait apercevoir, je reconnus
dans Fiorentina le fripon de Biondetto ; mais l'élégance, l'avantage de la taille, se faisaient beaucoup
plus remarquer sous l'ajustement de femme que sous
l'habit de page.

Quand la cantatrice eut fini de chanter, nous lui
donnâmes de justes éloges. Je voulus l'engager à nous
exécuter une ariette pour nous donner lieu d'admirer
la diversité de ses talents.

« Non, répondit-elle : je m'en acquitterais mal

dans la disposition d'âme où je suis ; d'ailleurs, vous avez dû vous apercevoir de l'effort que j'ai fait pour vous obéir. Ma voix se ressent du voyage, elle est voilée. Vous êtes prévenus que je pars cette nuit. C'est un cocher de louage qui m'a conduite. Je suis à vos ordres ; je vous demande en grâce d'agréer mes excuses, et de me permettre de me retirer. » En disant cela elle se lève, veut emporter sa harpe. Je la lui prends des mains, et, après l'avoir reconduite jusqu'à la porte par laquelle elle s'était introduite, je rejoins la compagnie.

Je devais avoir inspiré de la gaîté, et je voyais de la contrainte dans les regards : j'eus recours au vin de Chypre. Je l'avais trouvé délicieux, il m'avait rendu mes forces, ma présence d'esprit ; je doublai la dose. Comme l'heure s'avançait, je dis à mon page, qui s'était remis à son poste derrière mon siége, d'aller faire avancer ma voiture. Biondetto sort sur-le-champ, va remplir mes ordres. « Vous avez ici un équipage ? me dit Soberano. — Oui, répliquai-je, je me suis fait suivre, et j'ai imaginé que, si notre partie se prolongeait, vous ne seriez pas fâchés d'en revenir commodément. Buvons encore un coup, nous ne courrons pas les risques de faire de faux pas en chemin. »

Ma phrase n'était pas achevée, que le page rentre suivi de deux grands estafiers bien tournés, superbement vêtus à ma livrée. « Seigneur don Alvare, me dit Biondetto, je n'ai pu faire approcher votre voiture ; elle est au delà, mais tout auprès des débris dont ces lieux-ci sont entourés. » Nous nous levons ; Biondetto et les estafiers nous précèdent ; on marche.

Comme nous ne pouvions pas aller quatre de front entre des bases et des colonnes brisées, Soberano, qui se trouvait seul à côté de moi, me serra la main.

Le Diable amoureux.

« Vous nous donnez un beau régal, ami ; il vous coûtera cher. — Ami, répliquai-je, je suis très heureux s'il vous fait plaisir ; je vous le donne pour ce qu'il me coûte. »

Nous arrivons à la voiture ; nous trouvons deux autres estafiers, un cocher, un postillon, une voiture de campagne à mes ordres, aussi commode qu'on eût pu la désirer. J'en fais les honneurs, et nous prenons légèrement le chemin de Naples.

IV.

Nous gardâmes quelque temps le silence ; enfin un des amis de Soberano le rompt. « Je ne vous demande point votre secret, Alvare ; mais il faut que vous ayez fait des conventions singulières : jamais personne ne fut servi comme vous l'êtes ; et depuis quarante ans que je travaille, je n'ai pas obtenu le quart des complaisances que l'on vient d'avoir pour vous dans une soirée. Je ne parle pas de la plus céleste vision qu'il soit possible d'avoir, tandis que l'on afflige nos yeux plus souvent que l'on ne songe à les réjouir. Enfin, vous savez vos affaires, vous êtes jeune ; à votre âge on désire trop pour se laisser le temps de réfléchir, et on précipite ses jouissances. »

Bernadillo, c'était le nom de cet homme, s'écoutait en parlant, et me donnait le temps de penser à ma réponse.

« J'ignore, lui répliquai-je, par où j'ai pu m'attirer des faveurs distinguées ; j'augure qu'elles seront très courtes, et ma consolation sera de les avoir toutes partagées avec de bons amis. » On vit que je me tenais sur la réserve, et la conversation tomba.

Cependant le silence amena la réflexion : je me

rappelai ce que j'avais fait et vu ; je comparai les discours de Soberano et de Bernadillo , et conclus que je venais de sortir du plus mauvais pas dans lequel une curiosité vaine et la témérité eussent jamais engagé un homme de ma sorte. Je ne manquais pas d'instruction : j'avais été élevé jusqu'à treize ans sous les yeux de don Bernardo Maravillas, mon père, gentilhomme sans reproche , et par dona Mencia , ma mère, la femme la plus religieuse, la plus respectable qui fût dans l'Estramadure. « O ma mère ! disais-je, que penseriez-vous de votre fils si vous l'aviez vu, si vous le voyiez encore ? Mais ceci ne durera pas , je m'en donne parole. »

Cependant la voiture arrivait à Naples. Je reconduisis chez eux les amis de Soberano. Lui et moi revînmes à notre quartier. Le brillant de mon équipage éblouit un peu la garde devant laquelle nous passâmes en revue ; mais les grâces de Biondetto, qui était sur le devant du carrosse, frappèrent encore davantage les spectateurs.

Le page congédie la voiture et la livrée, prend un flambeau de la main des estafiers, et traverse les casernes pour me conduire à mon appartement. Mon valet de chambre, encore plus étonné que les autres, voulait parler pour me demander des nouvelles du nouveau train dont je venais de faire la montre. « C'en est assez, Carle, lui dis-je en entrant dans mon appartement ; je n'ai pas besoin de vous. Allez vous reposer ; je vous parlerai demain. »

Nous sommes seuls dans ma chambre , et Biondetto a fermé la porte sur nous ; ma situation était moins embarrassante au milieu de la compagnie dont je venais de me séparer, et de l'endroit tumultueux que je venais de traverser.

Voulant terminer l'aventure, je me recueillis un

instant. Je jette les yeux sur le page : les siens sont fixés vers la terre ; une rougeur lui monte sensiblement au visage ; sa contenance décèle de l'embarras et beaucoup d'émotion. Enfin je prends sur moi de lui parler.

« Biondetto , vous m'avez bien servi , vous avez même mis des grâces à ce que vous avez fait pour moi ; mais, comme vous étiez payé d'avance, je pense que nous sommes quittes. — Don Alvare est trop noble pour croire qu'il ait pu s'acquitter à ce prix. — Si vous avez fait plus que vous ne devez, si je vous dois de reste, donnez votre compte ; mais je ne vous réponds pas que vous soyez payé promptement. Le quartier courant est mangé ; je dois au jeu, à l'auberge , au tailleur.... — Vous plaisantez hors de propos. — Si je quitte le ton de plaisanterie, ce sera pour vous prier de vous retirer, car il est tard, et il faut que je me couche. — Et vous me renverriez incivilement à l'heure qu'il est? Je n'ai pas dû m'attendre à ce traitement de la part d'un cavalier espagnol. Vos amis savent que je suis venue ici ; vos soldats, vos gens m'ont vue et ont deviné mon sexe. Si j'étais une vile courtisane, vous auriez quelque égard pour les bienséances de mon état ; mais votre procédé pour moi est flétrissant, ignominieux ; il n'est pas de femme qui n'en fût humiliée. — Il vous plaît donc à présent d'être femme pour vous concilier des égards? Eh bien! pour sauver le scandale de votre retraite, ayez pour vous le ménagement de la faire par le trou de la serrure. — Quoi! sérieusement, sans savoir qui je suis.... — Puis-je l'ignorer? — Vous l'ignorez, vous dis-je ; vous n'écoutez que vos préventions. Mais, qui que je sois, je suis à vos pieds, les larmes aux yeux ; c'est à titre de client que je vous implore. Une imprudence , excusable peut-être, puisque vous en êtes l'objet, m'a fait aujourd'hui tout braver, tout sacrifier pour vous obéir, me donner à vous et vous suivre. J'ai révolté contre moi les passions les plus cruelles, les plus implacables ; il ne me reste de protection que la vôtre, d'asile que votre chambre : me la fermerez-vous, Alvare ? Sera-t-il dit qu'un cavalier espagnol aura traité avec cette rigueur, cette indignité, quelqu'un qui a sacrifié pour lui une âme sensible, un être faible, dénué de tout autre secours que le sien ; en un mot, une personne de mon sexe ? »

Je me reculais autant qu'il m'était possible, pour me tirer d'embarras ; mais elle embrassait mes genoux, et me suivait sur les siens. Enfin, je suis rangé contre le mur. « Relevez-vous, lui dis-je ; vous venez, sans y penser, de me prendre par mon serment. »

Quand ma mère me donna ma première épée, elle me fit jurer sur la garde de servir toute ma vie les femmes, et de n'en pas désobliger une seule. Quand ce serait ce que je pense, que c'est aujourd'hui... — Eh bien ! cruel, à quelque titre que ce soit, permettez-moi de rester dans votre chambre. — Je le veux pour la rareté du fait, et mettre le comble à la bizarrerie de mon aventure. Cherchez à vous arranger de manière à ce que je ne vous voie ni ne vous entende ; au premier mot, au premier mouvement capables de me donner de l'inquiétude, je grossis le son de ma voix pour vous demander, à mon tour, *Che vuoi ?* »

Je lui tourne le dos, et m'approche de mon lit pour me déshabiller. « Vous aiderai-je ? me dit-on. — Non, je suis militaire et me sers moi-même. » Je me couche.

V.

A travers la gaze de mon rideau, je vois le prétendu page arranger dans le coin de ma chambre une natte usée qu'il a trouvée dans une garde-robe. Il s'assied dessus, se déshabille entièrement, s'enveloppe d'un de mes manteaux qui était sur un siége, éteint la lumière, et la scène finit là pour le moment; mais elle recommença bientôt dans mon lit, où je ne pouvais trouver le sommeil.

Il semblait que le portrait du page fût attaché au ciel du lit et aux quatre colonnes; je ne voyais que lui. Je m'efforçais en vain de lier avec cet objet ravissant l'idée du fantôme épouvantable que j'avais vu; la première apparition servait à relever le charme de la dernière.

Ce chant mélodieux, que j'avais entendu sous la voûte, ce son de voix ravissant, ce parler qui semblait venir du cœur, retentissait encore dans le mien, et y excitait un frémissement singulier.

Ah! Biondetta! disais-je, si vous n'étiez pas un être fantastique, si vous n'étiez pas ce vilain dromadaire!...

Mais à quel mouvement me laissai-je emporter? J'ai triomphé de la frayeur, déracinons un sentiment plus dangereux. Quelle douceur puis-je en attendre? Ne tiendrait-il pas toujours de son origine?

Le feu de ses regards si touchants, si doux, est un cruel poison. Cette bouche si bien formée, si colorée, si fraîche, et en apparence si naïve, ne s'ouvre que pour des impostures. Ce cœur, si c'en était un, ne s'échaufferait que pour une trahison.

Pendant que je m'abandonnais aux réflexions occasionnées par les mouvements divers dont j'étais agité, la lune, parvenue au haut de l'hémisphère et dans un ciel sans nuages, dardait tous ses rayons dans ma chambre à travers trois grandes croisées.

Je faisais des mouvements prodigieux dans mon lit ; il n'était pas neuf : le bois s'écarte, et les trois planches qui soutenaient mon sommier tombent avec fracas.

Biondetta se lève, accourt à moi avec le ton de la frayeur. « Don Alvare, quel malheur vient de vous arriver ? »

Comme je ne la perdais pas de vue, malgré mon accident, je la vis se lever, accourir ; sa chemise était une chemise de page, et, au passage, la lumière de la lune, ayant frappé sur sa cuisse, avait paru gagner au reflet.

Fort peu ému du mauvais état de mon lit, qui ne m'exposait qu'à être un peu plus mal couché, je le fus bien davantage de me trouver serré dans les bras de Biondetta.

« Il ne m'est rien arrivé, lui dis-je, retirez-vous ; vous courez sur le carreau sans pantoufles, vous allez vous enrhumer, retirez-vous..... — Mais vous êtes mal à votre aise. — Oui, vous m'y mettez actuellement ; retirez-vous, ou, puisque vous voulez être couchée chez moi et près de moi, je vous ordonnerai d'aller dormir dans cette toile d'araignée qui est à l'encoignure de ma chambre. » Elle n'attendit pas la fin de la menace, et alla se coucher sur sa natte, en sanglotant tout bas.

La nuit s'achève, et la fatigue, prenant le dessus, me procure quelques moments de sommeil. Je ne m'éveillai qu'au jour. On devine la route que prirent mes premiers regards. Je cherchai des yeux mon page.

Il était assis tout vêtu, à la réserve de son pourpoint, sur un petit tabouret; il avait étalé ses cheveux, qui tombaient jusqu'à terre, en couvrant, à boucles flottantes et naturelles, son dos et ses épaules, et même entièrement son visage.

Ne pouvant faire mieux, il démêlait sa chevelure avec ses doigts. Jamais peigne d'un plus bel ivoire ne se promena dans une plus épaisse forêt de cheveux blond-cendré; leur finesse était égale à toutes les autres perfections. Un petit mouvement que j'avais fait ayant annoncé mon réveil, elle écarte avec ses doigts les boucles qui lui ombrageaient le visage. Figurez-vous l'aurore au printemps, sortant d'entre les vapeurs du matin avec sa rosée, ses fraîcheurs et tous ses parfums.

« Biondetta, lui dis-je, prenez un peigne; il y en a dans le tiroir de ce bureau. » Elle obéit. Bientôt, à l'aide d'un ruban, ses cheveux sont rattachés sur sa tête avec autant d'adresse que d'élégance. Elle prend son pourpoint, met le comble à son ajustement, et s'assied sur son siège d'un air timide, embarrassé, inquiet, qui sollicitait vivement la compassion.

S'il faut, me disais-je, que je voie dans la journée mille tableaux plus piquants les uns que les autres, assurément je n'y tiendrai pas : amenons le dénoûment, s'il est possible.

Je lui adresse la parole

« Le jour est venu, Biondetta, les bienséances sont remplies, vous pouvez sortir de ma chambre sans craindre le ridicule. — Je suis, me répondit-elle, maintenant, au dessus de cette frayeur; mais vos intérêts et les miens m'en inspirent une beaucoup plus fondée : ils ne permettent pas que nous nous séparions. — Vous vous expliquerez? lui dis-je. — Je vais le faire, Alvare.

« Votre jeunesse, votre imprudence, vous fer-
ment les yeux sur les périls que nous avons rassem-
blés autour de nous. A peine vous vis-je sous la
voûte, que cette contenance héroïque à l'aspect de
la plus hideuse apparition décida mon penchant.
Si, me dis-je à moi-même, pour parvenir au bonheur, je dois m'unir à un mortel, prenons un corps,
il en est temps : voilà le héros digne de moi. Dussent
s'en indigner les méprisables rivaux dont je lui fais
le sacrifice ; dussé-je me voir exposée à leur ressen-
timent, à leur vengeance, que m'importe ? Aimée
d'Alvare, unie avec Alvare, eux et la nature nous seront soumis. Vous avez vu la suite ; voici les conséquences.

» L'envie, la jalousie, le dépit, la rage, me pré-
parent les châtiments les plus cruels auxquels puisse
être soumis un être de mon espèce dégradé par son
choix, et vous seul pouvez m'en garantir. A peine
est-il jour, et déjà les délateurs sont en chemin pour
vous déférer, comme nécromancien, à ce tribunal que
vous connaissez. Dans une heure... — Arrêtez, m'é-
criai-je, en me mettant les poings fermés sur les
yeux ; vous êtes le plus adroit, le plus insigne des
faussaires. Vous parlez d'amour, vous en présentez
l'image, vous en empoisonnez l'idée ; je vous dé-
fends de m'en dire un mot. Laissez-moi me calmer
assez, si je puis, pour devenir capable de prendre
une résolution.

» S'il faut que je tombe entre les mains du tribunal,
je ne balance pas, pour ce moment-ci, entre vous et
lui ; mais si vous m'aidez à me tirer d'ici, à quoi
m'engagerai-je ? Puis-je me séparer de vous quand je
le voudrai ? Je vous somme de me répondre avec
clarté et précision. — Pour vous séparer de moi,
Alvare, il suffira d'un acte de votre volonté. J'ai

même regret que ma soumission soit forcée. Si vous méconnaissez mon zèle par la suite, vous serez imprudent, ingrat... — Je ne crois rien, sinon qu'il faut que je parte. Je vais éveiller mon valet de chambre; il faut qu'il me trouve de l'argent, qu'il aille à la poste. Je me rendrai à Venise près de Bentinelli, banquier de ma mère. — Il vous faut de l'argent? Heureusement je m'en suis précautionnée; j'en ai à votre service. — Gardez-le. Si vous étiez une femme, en l'acceptant je ferais une bassesse... — Ce n'est pas un don, c'est un prêt que je vous propose. Donnez-moi un mandement sur le banquier; faites un état de ce que vous devez ici. Laissez sur votre bureau un ordre à Carle pour payer. Disculpez-vous par lettre auprès de votre commandant sur une affaire indispensable qui vous force à partir sans congé. J'irai à la poste vous chercher une voiture et des chevaux; mais auparavant, Alvare, forcée à m'écarter de vous, je retombe dans toutes mes frayeurs; dites : « Esprit qui ne t'es lié à un corps que pour moi, et pour moi seul, j'accepte ton vasselage et t'accorde ma protection. »

En me prescrivant cette formule, elle s'était jetée à mes genoux, me tenait la main, la pressait, la mouillait de larmes.

J'étais hors de moi, ne sachant quel parti prendre; je lui laisse ma main, qu'elle baise, et je balbutie les mots qui lui semblaient si importants. A peine ai-je fini qu'elle se relève. « Je suis à vous, s'écrie-t-elle avec transport; je pourrai devenir la plus heureuse de toutes les créatures. »

En un moment elle s'affuble d'un long manteau, rabat un grand chapeau sur ses yeux, et sort de ma chambre.

J'étais dans une sorte de stupidité. Je trouve un

état de mes dettes. Je mets au bas l'ordre à Carle de le payer; je compte l'argent nécessaire; j'écris au commandant, à un de mes plus intimes, des lettres qu'ils durent trouver très extraordinaires. Déjà la voiture et le fouet du postillon se faisaient entendre à la porte.

Biondetta, toujours le nez dans son manteau, revient et m'entraîne. Carle, éveillé par le bruit, paraît en chemise. « Allez, lui dis-je, à mon bureau, vous y trouverez mes ordres. Je monte en voiture; je pars. »

VI.

Biondetta était entrée avec moi dans la voiture; elle était sur le devant. Quand nous fûmes sortis de la ville, elle ôta le chapeau qui la tenait à l'ombre. Ses cheveux étaient renfermés dans un filet cramoisi; on n'en voyait que la pointe, c'étaient des perles dans du corail. Son visage, dépouillé de tout autre ornement, brillait de ses seules perfections. On croyait voir un transparent sur son teint. On ne pouvait concevoir comment la douceur, la candeur, la naïveté, pouvaient s'allier au caractère de finesse qui brillait dans ses regards.

Je me surpris faisant malgré moi ces remarques, et, les jugeant dangereuses pour mon repos, je fermai les yeux pour essayer de dormir.

Ma tentative ne fut pas vaine : le sommeil s'empara de mes sens et m'offrit les rêves les plus agréables, les plus propres à délasser mon âme des idées effrayantes et bizarres dont elle avait été fatiguée. Il fut d'ailleurs très long, et ma mère, par la suite, réfléchissant un jour sur mes aventures, prétendit que cet assoupissement n'avait pas été naturel. Enfin, quand je m'éveillai, j'étais sur les bords du canal sur lequel on s'embarque pour aller à Venise. La nuit était avancée. Je me sens tirer par ma manche : c'était un portefaix ; il voulait se charger de mes ballots. Je n'avais pas même un bonnet de nuit.

Biondetta se présenta à une autre portière pour me dire que le bâtiment qui devait me conduire était prêt. Je descends machinalement, j'entre dans la felouque et retombe dans ma léthargie.

Que dirai-je ? Le lendemain matin je me trouvai logé sur la place Saint-Marc, dans le plus bel appartement de la meilleure auberge de Venise. Je le connaissais ; je le reconnus sur-le-champ. Je vois du linge, une robe de chambre assez riche auprès de mon lit. Je soupçonnai que ce pouvait être une attention de l'hôte chez qui j'étais arrivé dénué de tout.

Je me lève et regarde si je suis le seul objet vivant qui soit dans la chambre ; je cherchais Biondetta.

Honteux de ce premier mouvement, je rendis grâce à ma bonne fortune. Cet esprit et moi ne sommes donc pas inséparables ; j'en suis délivré ; et après mon imprudence, si je ne perds que ma compagnie aux gardes, je dois m'estimer très heureux.

Courage, Alvare, continuai-je : il y a d'autres cours, d'autres souverains que celui de Naples. Ceci doit te corriger, si tu n'es pas incorrigible, et tu te conduiras mieux. Si on refuse tes services, une mère tendre, l'Estramadure et un patrimoine honnête te tendent les bras.

Mais que te voulait ce lutin, qui ne t'a pas quitté depuis vingt-quatre heures ? Il avait pris une figure bien séduisante ! Il m'a donné de l'argent, je veux le lui rendre... Comme je parlais encore, je vois arriver mon créancier ; il m'amenait deux domestiques et deux gondoliers.

« Il faut, dit-il, que vous soyez servi, en attendant l'arrivée de Carle. On m'a répondu dans l'auberge de l'intelligence et de la fidélité de ces gens-ci, et voici les plus hardis patrons de la république. — Je suis content de votre choix, Biondetta, lui dis-je. Vous êtes-vous logé ici ? — J'ai pris, me répond le page, les yeux baissés, dans l'appartement même de Votre Excellence, la pièce la plus éloignée de celle que vous occupez, pour vous causer le moins d'embarras qu'il sera possible. »

Je trouvai du ménagement, de la délicatesse, dans cette attention à mettre de l'espace entre elle et moi. Je lui en sus gré.

Au pis aller, disais-je, je ne saurais la chasser du vague de l'air, s'il lui plaît de s'y tenir invisible pour m'obséder. Quand elle sera dans une chambre connue, je pourrai calculer ma distance. Content de mes raisons, je donnai légèrement mon approbation à tout.

Je voulais sortir pour aller chez le correspondant de ma mère. Biondetta donna ses ordres pour ma toilette, et, quand elle fut achevée, je me rendis où j'avais dessein d'aller.

Le négociant me fit un accueil dont j'eus lieu d'être surpris. Il était à sa banque ; de loin il me caresse de l'œil, vient à moi :

« Don Alvare, me dit-il, je ne vous croyais pas ici. Vous arrivez très à propos pour m'empêcher de faire une bévue ; j'allais vous envoyer deux lettres et de l'argent. — Celui de mon quartier ? répondis-je. — Oui, répliqua-t-il, et quelque chose de plus. Voilà deux cents sequins en sus qui sont arrivés ce matin. Un vieux gentilhomme à qui j'en ai donné le reçu me les a remis de la part de dona Mencia. Ne recevant pas de vos nouvelles, elle vous a cru malade, et a chargé un Espagnol de votre connaissance de me les remettre pour vous les faire passer. — Vous a-t-il dit son nom ? — Je l'ai écrit dans le reçu : c'est don Miguel Pimientos, qui dit avoir été écuyer dans votre maison. Ignorant votre arrivée ici, je ne lui ai pas demandé son adresse. »

Je pris l'argent. J'ouvris les lettres : ma mère se plaignait de sa santé, de ma négligence, et ne parlait pas des sequins qu'elle envoyait ; je n'en fus que plus sensible à ses bontés.

Me voyant la bourse aussi à propos et aussi bien garnie, je revins gaîment à l'auberge. J'eus de la peine à trouver Biondetta dans l'espèce de logement où elle s'était réfugiée ; elle y entrait par un dégagement distant de ma porte. Je m'y aventurai par hasard, et la vis courbée près d'une fenêtre, fort occupée à rassembler et recoller les débris d'un clavecin.

« J'ai de l'argent, lui dis-je, et vous rapporte celui que vous m'avez prêté. » Elle rougit, ce qui lui arrivait toujours avant de parler ; elle chercha mon obligation, me la remit, prit la somme, et se contenta de me dire que j'étais trop exact, et qu'elle eût désiré jouir plus long-temps du plaisir de m'avoir obligé.

« Mais je vous dois encore, lui dis-je, car vous avez les postes. » Elle en avait l'état sur la table. Je l'acquittai. Je sortais avec un sang-froid apparent. Elle me demanda mes ordres ; je n'en eus pas à lui donner, et elle se remit tranquillement à son ouvrage ; elle me tournait le dos. Je l'observai quelque temps : elle semblait très occupée, et apportait à son travail autant d'adresse que d'activité.

Je revins rêver dans ma chambre. Voilà, disais-je,

le pair de ce Caldéron qui allumait la pipe à Soberano, et, quoiqu'il ait l'air très distingué, il n'est pas
de meilleure maison. S'il ne se rend ni exigeant ni
incommode, s'il n'a pas de prétentions, pourquoi ne
le garderais-je pas? Il m'assure d'ailleurs que, pour
le renvoyer, il ne faut qu'un acte de ma volonté.
Pourquoi me presser de vouloir tout à l'heure ce
que je puis vouloir à tous les instants du jour? On
interrompit mes réflexions en m'annonçant que j'é-
tais servi.

Je me mis à table. Biondetta, en grande livrée,
était derrière mon siége, attentive à prévenir mes
besoins. Je n'avais pas besoin de me retourner pour
la voir : trois glaces disposées dans le salon répétaient
tous ses mouvements. Le dîner fini, on dessert ; elle
se retire.

L'aubergiste monte, la connaissance n'était pas
nouvelle. On était en carnaval : mon arrivée n'avait
rien qui dût le surprendre. Il me félicita sur l'aug-
mentation de mon train, qui supposait un meilleur
état de ma fortune, et se rabattit sur les louanges de
mon page, le jeune homme le plus beau, le plus affec-
tionné, le plus intelligent, le plus doux qu'il eût encore vu. Il me demanda si je comptais prendre part
aux plaisirs du carnaval. C'était mon intention. Je
pris un déguisement et montai dans une gondole.

Je courus la place; j'allai au spectacle, au *ridotto*. Je jouai, je gagnai quarante sequins, et rentrai
assez tard, ayant cherché de la dissipation partout
où j'avais cru pouvoir en trouver.

Mon page, un flambeau à la main, me reçoit au
bas de l'escalier, me livre aux soins d'un valet de
chambre, et se retire après m'avoir demandé à
quelle heure j'ordonnais que l'on entrât chez moi. « A

l'heure ordinaire, répondis-je », sans penser que personne n'était au fait de ma manière de vivre.

Je me réveillai tard le lendemain, et me levai promptement. Je jetai par hasard les yeux sur les lettres de ma mère, demeurées sur la table. Digne femme! m'écriai-je. Que fais-je ici? Que ne vais-je me mettre à l'abri de vos sages conseils! J'irai, ah! j'irai; c'est le seul parti qui me reste.

Comme je parlais haut, on s'aperçut que j'étais éveillé; on entra chez moi, et je revis l'écueil de ma raison. Il avait l'air désintéressé, modeste, soumis, et ne m'en parut que plus dangereux. Il m'annonçait un tailleur et des étoffes; le marché fait, il disparut avec lui jusqu'à l'heure du repas.

Je mangeai peu et courus me précipiter à travers le tourbillon de mes amusements de la ville. Je cherchai les masques; j'écoutai; je fis de froides plaisanteries, et terminai la scène par l'opéra, surtout le jeu, jusque alors ma passion favorite. Je gagnai beaucoup plus à cette seconde séance qu'à la première.

VII.

Dix jours se passèrent dans la même situation de cœur et d'esprit, et à peu près dans des dissipations semblables. Je trouvai d'anciennes connaissances, j'en fis de nouvelles. On me présenta aux assemblées les plus distinguées; je fus admis aux parties des nobles dans leurs casino.

Tout allait bien si ma fortune au jeu ne s'était pas démentie; mais je perdis au *ridotto*, en une soirée, treize cents sequins que j'avais amassés. On n'a jamais joué d'un plus grand malheur. A trois heures du matin, je me retirai, mis à sec, devant cent sequins à mes connaissances. Mon chagrin était écrit dans mes regards et sur tout mon extérieur. Biondetta me parut affectée, mais elle n'ouvrit pas la bouche.

Le lendemain je me levai tard. Je me promenais à grands pas dans ma chambre en frappant des pieds. On me sert, je ne mange point. Le service enlevé, Biondetta reste, contre son ordinaire. Elle me fixe un instant, laisse échapper quelques larmes : « Vous avez perdu de l'argent, don Alvare; peut-être plus que vous n'en pouvez payer. — Et quand cela serait, où trouverais-je le remède? — Vous m'offensez; mes services sont toujours à vous au même prix; mais ils ne s'étendraient pas loin, s'ils n'allaient qu'à vous faire contracter avec moi de ces obligations que vous vous croiriez dans la nécessité de remplir sur-le-champ. Trouvez bon que je prenne un siége; je sens une émotion qui ne me permettrait pas de me soutenir debout; j'ai d'ailleurs des choses importantes à vous dire. Voulez-vous vous ruiner?... Pourquoi jouez-vous avec cette fureur, puisque vous ne savez pas jouer? — Tout le monde ne sait-il pas les jeux de hasard? Quelqu'un pourrait-il me les apprendre? — Oui; prudence à part, on apprend les jeux de chance, que vous appelez mal à propos jeux de hasard. Il n'y a point de hasard dans le monde; tout y a été et sera toujours une suite de combinaisons nécessaires que l'on ne peut entendre que par la science des nombres, dont les principes sont, en même temps, si abstraits et si profonds, qu'on ne peut les saisir si l'on n'est conduit par un maître; mais il faut avoir su se le donner et se l'attacher. Je ne puis vous peindre cette connaissance sublime que par une image. L'enchaînement des nombres fait la cadence de l'univers, règle ce qu'on appelle les événements fortuits et prétendus déterminés, les forçant, par des balanciers invisibles, à tomber chacun à leur tour, depuis ce qui se passe d'important dans les sphères éloignées jusqu'aux misérables petites chances qui vous ont aujourd'hui dépouillé de votre argent. »

Cette tirade scientique dans une bouche enfantine, cette proposition un peu brusque de me donner un maître, m'occasionnèrent un léger frisson, un peu de cette sueur froide qui m'avait saisi sous la voûte de Portici. Je fixe Biondetta qui baissait la vue. « Je ne veux pas de maître, lui-je, je craindrais d'en trop apprendre ; mais essayez de me prouver qu'un gentilhomme peut savoir un peu plus que le jeu, et s'en servir sans compromettre son caractère. » Elle prit la thèse, et voici en substance l'abrégé de sa démonstration.

« La banque est combinée sur le pied d'un profit exorbitant qui se renouvelle à chaque taille ; si elle ne courait pas des risques, la république ferait, à coup sûr, un vol manifeste aux particuliers. Mais les calculs que nous pouvons faire sont supposés, et la banque a toujours beau jeu en tenant contre une personne instruite sur dix mille dupes. »

La conviction fut poussée plus loin. On m'enseigna une seule combinaison, très simple en apparence ; je n'en devinai pas les principes : mais, dès le soir même, j'en connus l'infaillibilité par le succès.

En un mot, je regagnai, en la suivant, tout ce que j'avais perdu, payai mes dettes de jeu, et rendis, en rentrant, à Biondetta, l'argent qu'elle m'avait prêté pour tenter l'aventure.

J'étais en fonds, mais plus embarrassé que jamais. Mes défiances s'étaient renouvelées sur les desseins de l'être dangereux dont j'avais agrée les services. Je ne savais pas décidément si je pourrais l'éloigner de moi ; en tout cas, je n'avais pas la force de le vouloir. Je détournais les yeux pour ne pas le voir où il était, e t le voyais partout où il n'était pas.

Le jeu cessait de m'offrir une dissipation attachante. Le pharaon, que j'aimais passionnément, n'étant plus assaisonné par le risque, avait perdu tout ce qu'il avait de piquant pour moi. Les singeries dn carnaval m'ennuyaient ; les spectacles m'étaient insipides. Quand j'aurais eu le cœur assez libre pour désirer de former une liaison parmi les femmes du haut parage, j'étais rebuté d'avance par la langueur, le cérémonial et la contrainte de la *cicisbeature*. Il me restait la ressource des casins des nobles, où je ne voulais plus jouer, et la société des courtisanes.

Parmi les femmes de cette dernière espèce, il y en avait quelques unes plus distinguées par l'élégance de leur faste et l'enjoûment de leur société que par leurs agréments personnels. Je trouvais dans leurs maisons une liberté réelle dont j'aimais à jouir, une gaîté bruyante qui pouvait m'étourdir, si elle ne pouvait me plaire, enfin un abus continuel de la raison, qui me tirait pour quelques moments des entraves de la mienne. Je faisais des galanteries à toutes les femmes de cette espèce chez lesquelles j'étais admis, sans avoir de projet sur aucune ; mais la plus célèbre d'entre elles avait des desseins sur moi qu'elle fit bientôt éclater.

On la nommait Olympia. Elle avait vingt-six ans, beaucoup de beauté, de talents et d'esprit. Elle me laissa bientôt apercevoir du goût qu'elle avait pour moi, et, sans en avoir pour elle, je me jetai à sa tête pour me débarrasser en quelque sorte de moi-même.

Notre liaison commença brusquement, et, comme j'y trouvais peu de charmes, je jugeai qu'elle finirait

de même, et qu'Olympia, ennuyée de mes distrac-
tions auprès d'elle, chercherait bientôt un amant qui
lui rendît plus de justice, d'autant plus que nous
nous étions pris sur le pied de la passion la plus dés-
intéressée ; mais notre planète en décidait autre-
ment. Il fallait sans doute pour le châtiment de cette
femme superbe et emportée, et pour me jeter dans
des embarras d'une autre espèce, qu'elle conçût un
amour effréné pour moi.

Déjà je n'étais plus le maître de revenir le soir à
mon auberge, et j'étais accablé pendant la journée
de billets, de messages et de surveillants.

On se plaignait de mes froideurs. Une jalousie qui
n'avait pas encore trouvé d'objet s'en prenait à toutes les femmes qui pouvaient attirer mes regards, et
aurait exigé de moi jusqu'à des incivilités pour elles,
si l'on eût pu entamer mon caractère. Je me déplai-
sais dans ce tourment perpétuel, mais il fallait bien
y vivre. Je cherchais de bonne foi à aimer Olympia,
pour aimer quelque chose, et me distraire du goût
dangereux que je me connaissais. Cependant une
scène plus vive se préparait.

J'étais sourdement observé dans mon auberge par
les ordres de la courtisane. « Depuis quand, me dit-
elle un jour, avez-vous ce beau page qui vous intéresse tant, à qui vous témoignez tant d'égards, et
que vous ne cessez de suivre des yeux quand son
service l'appelle dans votre appartement ? Pourquoi lui faites-vous observer cette retraite austère ?
Car on ne le voit jamais dans Venise. — Mon page,
répondis-je, est un jeune homme bien né, de l'édu-
cation duquel je suis chargé par devoir. C'est... —
C'est, reprit-elle, les yeux enflammés de courroux,
traître, c'est une femme. Un de mes affidés lui a vu
faire sa toilette par le trou de la serrure... — Je vous

donne ma parole d'honneur que ce n'est pas une femme... — N'ajoute pas le mensonge à la trahison. Cette femme pleurait, on l'a vue ; elle n'est pas heureuse. Tu ne sais que faire le tourment des cœurs qui se donnent à toi. Tu l'as abusée, comme tu m'abuses, et tu l'abandonnes. Renvoie à ses parents cette jeune personne ; et si tes prodigalités t'ont mis hors d'état de lui faire justice, qu'elle la tienne de moi. Tu lui dois un sort ; je le lui ferai, mais je veux qu'elle disparaisse demain. — Olympia, repris-je le plus froidement qu'il me fut possible, je vous ai juré, je vous le répète et vous jure encore, que ce n'est pas une femme ; et plût au ciel... — Que veulent dire ces mensonges et ce plût au ciel, monstre ? Renvoie-la, te dis-je, ou... Mais j'ai d'autres ressources ; je te démasquerai, et elle entendra raison, si tu n'es pas susceptible de l'entendre. »

Excédé par ce torrent d'injures et de menaces, mais affectant de n'être point ému, je me retirai chez moi, quoiqu'il fût tard.

Mon arrivée parut surprendre mes domestiques, et surtout Biondetta : elle témoigna quelque inquiétude sur ma santé ; je répondis qu'elle n'était point altérée.

Je ne lui parlais presque jamais depuis ma liaison avec Olympia, et il n'y avait eu aucun changement dans sa conduite à mon égard ; mais on en remarquait dans ses traits ; il y avait sur le ton général de sa physionomie une teinte d'abattement et de mélancolie.

Le lendemain, à peine étais-je éveillé, que Biondetta entre dans ma chambre, une lettre ouverte à la main. Elle me la remet et je lis :

AU PRÉTENDU BIONDETTO.

« Je ne sais qui vous êtes, Madame, ni ce que vous pouvez faire chez don Alvare ; mais vous êtes trop jeune pour n'être pas excusable, et en de trop mauvaises mains pour ne pas exciter la compassion. Ce cavalier vous aura promis ce qu'il promet à tout le monde, ce qu'il me jure encore tous les jours, quoique déterminé à nous trahir. On dit que vous êtes sage autant que belle ; vous serez susceptible d'un bon conseil. Vous êtes en âge, Madame, de réparer le tort que vous pouvez vous être fait ; une âme sensible vous en offre les moyens. On ne marchandera point sur la force du sacrifice que l'on doit faire pour assurer votre repos. Il faut qu'il soit proportionné à votre état, aux vues que l'on vous a fait abandonner, à celles que vous pouvez avoir pour l'avenir, et par conséquent vous réglerez tout vous-même. Si vous persistez à vouloir être trompée et malheureuse et à en faire d'autres, attendez-vous à tout ce que le désespoir peut suggérer de plus violent à une rivale. J'attends votre réponse. »

Après avoir lu cette lettre, je la remis à Biondetta. « Répondez, lui dis-je, à cette femme qu'elle est folle, et vous savez mieux que moi combien elle est... — Vous la connaissez, don Alvare ; n'appréhendez-vous rien d'elle ?... — J'appréhende qu'elle ne m'ennuie plus longtemps. Ainsi je la quitte ; et, pour m'en délivrer plus sûrement, je vais louer ce matin une jolie maison que l'on m'a proposée sur la Brenta. » Je m'habillai sur-le-champ, et allai conclure mon marché. Chemin faisant, je réfléchissais aux menaces d'Olympia. Pauvre folle ! disais-je, elle veut tuer...

Je ne pus jamais, et sans savoir pourquoi, prononcer le mot. Dès que j'eus terminé mon affaire, je revins chez moi ; je dînai ; et, craignant que la force de l'habitude ne m'entraînât chez la courtisane, je me déterminai à ne pas sortir de la journée.

Je prends un livre. Incapable de m'appliquer à la lecture, je le quitte ; je vais à la fenêtre, et la foule, la variété des objets me choquent au lieu de me distraire. Je me promène à grands pas dans tout mon appartement, cherchant la tranquillité de l'esprit dans l'agitation continuellle du corps.

VIII.

Dans cette course indéterminée, mes pas s'adressent vers une garde-robe sombre, où mes gens renfermaient les choses nécessaires à mon service qui ne devaient pas se trouver sous la main. Je n'y étais jamais entré. L'obscurité du lieu me plaît. Je m'assieds sur un coffre et y passe quelques minutes.

Au bout de ce court espace de temps, j'entends du bruit dans une pièce voisine ; un petit jour qui me donne dans les yeux m'attire vers une porte condamnée ; il s'échappait par le trou de la serrure ; j'y applique l'œil.

Je vois Biondetta assise vis-à-vis de son clavecin, les bras croisés, dans l'attitude d'une personne qui rêve profondément. Elle rompit le silence.

« Biondetta ! Biondetta ! dit-elle. Il m'appelle Biondetta. C'est le premier, c'est le seul mot caressant qui soit sorti de sa bouche. »

Elle se tait, et paraît retomber dans sa rêverie. Elle pose enfin les mains sur le clavecin que je lui avais vu raccommoder. Elle avait devant elle un livre fermé sur le pupitre. Elle prélude et chante à demi voix en s'accompagnant.

Je démêlai sur-le-champ que ce qu'elle chantait n'était pas une composition arrêtée. En prêtant mieux l'oreille, j'entendis mon nom, celui d'Olympia.

Elle improvisait en prose sur sa prétendue situation, sur celle de sa rivale, qu'elle trouvait bien plus heureuse que la sienne ; enfin sur les rigueurs que j'avais pour elle et les soupçons qui occasionnaient une défiance qui m'éloignait de mon bonheur. Elle m'aurait conduit dans la route des grandeurs, de la fortune et des sciences, et j'aurais fait sa félicité. « Hélas ! disait-elle, cela devient impossible. Quand il me connaîtrait pour ce que je suis, mes faibles charmes ne pourraient l'arrêter ; une autre... »

La passion l'emportait, et les larmes semblaient la suffoquer. Elle se lève, va prendre un mouchoir, s'essuie et se rapproche de l'instrument ; elle veut se rasseoir ; et, comme si le peu de hauteur du siége l'eût tenue ci-devant dans une attitude trop gênée, elle prend le livre qui était sur son pupitre, le met sur le tabouret, s'assied et prélude de nouveau.

Je compris bientôt que la seconde scène de musique ne serait pas de l'espèce de la première. Je reconnus l'air d'une barcarolle fort en vogue alors à Venise. Elle le répéta deux fois ; puis, d'une voix plus distincte et plus assurée, elle chanta les paroles suivantes :

Hélas ! quelle est ma chimère !
Fille du ciel et des airs,
Pour Alvare et pour la terre,
J'abandonne l'univers ;
Sans éclat et sans puissance,
Je m'abaisse jusqu'aux fers ;
Et quelle est ma récompense ?
On me dédaigne et je sers.

Coursier, la main qui vous mène
S'empresse à vous caresser ;
On vous captive, on vous gêne,
Mais on craint de vous blesser.
Des efforts qu'on vous fait faire
Sur vous l'honneur rejaillit,
Et le frein qui vous modère
Jamais ne vous avilit.

Alvare, une autre t'engage
Et m'éloigne de ton cœur :
Dis-moi par quel avantage
Elle a vaincu ta froideur.
On pense qu'elle est sincère,
On s'en rapporte à sa foi ;
Elle plaît, je ne puis plaire ;
Le soupçon est fait pour moi.

La cruelle défiance
Empoisonne le bienfait.
On me craint en ma présence ;
En mon absence on me hait.
Mes tourments, je les suppose ;
Je gémis, mais sans raison ;
Si je parle, j'en impose...
Je me tais, c'est trahison.

Amour, tu fis l'imposture,
Je passe pour l'imposteur ;
Ah ! pour venger notre injure,
Dissipe enfin son erreur.
Fais que l'ingrat me connaisse ;
Et quel qu'en soit le sujet,
Qu'il déteste une faiblesse
Dont je ne suis pas l'objet.

Ma rivale est triomphante,
Elle ordonne de mon sort,
Et je me vois dans l'attente
De l'exil ou de la mort.
Ne brisez pas votre chaîne,
Mouvements d'un cœur jaloux.
Vous éveilleriez la haine....
Je me contrains : taisez-vous !

Le son de la voix, le chant, le sens des vers, leur tournure, me jettent dans un désordre que je ne puis exprimer. « Etre fantastique, dangereuse imposture ! m'écriai-je en sortant avec rapidité du poste où j'étais demeuré trop longtemps : peut-on mieux emprunter les traits de la vérité et de la nature ? Que je suis heureux de n'avoir connu que d'aujourd'hui le trou de cette serrure ! Comme je serais venu m'enivrer, combien j'aurais aidé à me tromper moi-même ! Sortons d'ici. Allons sur la Brenta dès demain. Allons-y ce soir. »

J'appelle sur-le-champ un domestique, et fais dépêcher, dans une gondole, ce qui m'était nécessaire pour aller passer la nuit dans ma nouvelle maison.

Il m'eût été trop difficile d'attendre la nuit dans mon auberge. Je sortis. Je marchai au hasard. Au détour d'une rue, je crus voir entrer dans un café ce Bernadillo qui accompagnait Soberano dans notre promenade à Portici. « Autre fantôme ! dis-je ; ils me poursuivent. » J'entrai dans ma gondole, et courus tout Venise de canal en canal : il était onze heures quand je rentrai. Je voulus partir pour la Brenta, et mes gondoliers fatigués refusant le service, je fus obligé d'en faire appeler d'autres. Ils arrivèrent, et mes gens, prévenus de mes intentions, me précèdent dans la gondole, chargés de leurs propres effets. Biondetta me suivait.

A peine ai-je les deux pieds dans le bâtiment, que des cris me forcent à me retourner. Un masque poignardait Biondetta : « Tu l'emportes sur moi ! meurs, meurs, odieuse rivale ! »

IX.

L'exécution fut si prompte, qu'un des gondoliers resté sur le rivage ne put l'empêcher. Il voulut attaquer l'assassin en lui portant le flambeau dans les yeux ; un autre masque accourt et le repousse avec une action menaçante, une voix tonnante que je crus reconnaître pour celle de Bernadillo. Hors de moi, je m'élance de la gondole. Les meurtriers ont disparu. A l'aide du flambeau, je vois Biondetta pâle, baignée dans son sang, expirante.

Mon état ne saurait se peindre. Toute autre idée s'efface. Je ne vois plus qu'une femme adorée, victime d'une prévention ridicule, sacrifiée à ma vaine et extravagante confiance, et accablée par moi, jusque-là, des plus cruels outrages.

Je me précipite ; j'appelle en même temps le secours et la vengeance. Un chirurgien, attiré par l'éclat de cette aventure, se présente. Je fais transporter la blessée dans mon appartement ; et de crainte qu'on ne la ménage point assez, je me charge moi-même de la moitié du fardeau.

Quand on l'eut déshabillée, quand je vis ce beau corps sanglant atteint de deux énormes blessures, qui semblaient devoir attaquer toutes deux les sources de la vie, je dis, je fis mille extravagances.

Biondetta, présumée sans connaissance, ne devait pas les entendre ; mais l'aubergiste et ses gens, un chirurgien, deux médecins, appelés, jugèrent qu'il était dangereux pour la blessée qu'on me laissât auprès d'elle. On m'entraîna hors de la chambre.

On laissa mes gens près de moi ; mais un d'eux ayant eu la maladresse de me dire que la faculté avait jugé les blessures mortelles, je poussai des cris aigus. Fatigué enfin par mes emportements, je tombai dans un abattement qui fut suivi de sommeil.

Je crus voir ma mère en rêve, je lui racontais mon aventure, et, pour la lui rendre plus sensible, je la conduisais vers les ruines de Portici.

« N'allons pas là, mon fils, me disait-elle, vous êtes dans un danger évident.» Comme nous passions dans un défilé étroit où je m'engageais avec sécurité, une main tout-à-coup me pousse dans un précipice ; je la reconnais, c'est celle de Biondetta. Je tombais, une autre main me retire, et je me trouve entre les bras de ma mère. Je me réveille, encore haletant de frayeur. Tendre mère ! m'écriai-je, vous ne m'abandonnez pas, même en rêve.

Biondetta ! vous voulez me perdre ? Mais ce songe est l'effet du trouble de mon imagination. Ah ! chassons des idées qui me feraient manquer à la reconnaissance, à l'humanité.

J'appelle un domestique et fais demander des nouvelles. Deux chirurgiens veillent : on a beaucoup tiré de sang ; on craint la fièvre.

Le lendemain, après l'appareil levé, on décida que les blessures n'étaient dangereuses que par la profondeur ; mais la fièvre survient, redouble, et il faut épuiser le sujet par de nouvelles saignées.

Je fis tant d'instances pour entrer dans l'appartement, qu'il ne fut pas possible de s'y refuser.

Biondetta avait le transport, et répétait sans cesse mon nom. Je la regardai ; elle ne m'avait jamais paru si belle.

Est-ce là, me disais-je, ce que je prenais pour un fantôme colorié, un amas de vapeurs brillantes uniquement rassemblées pour en imposer à mes sens ?

Elle avait la vie comme je l'ai, et la perd, parce

que je n'ai jamais voulu l'entendre, parce que je l'ai volontairement exposée. Je suis un tigre, un monstre.

Si tu meurs, objet le plus digne d'être chéri, et dont j'ai si indignement reconnu les bontés, je ne veux pas te survivre. Je mourrai après avoir sacrifié sur ta tombe la barbare Olympia !

Si tu m'es rendue, je serai à toi ; je reconnaîtrai les bienfaits ; je couronnerai tes vertus, ta patience ; je me lie par des liens indissolubles, et ferai mon devoir de te rendre heureuse par le sacrifice aveugle de mes sentiments et de mes volontés.

Je ne peindrai point les efforts pénibles de l'art et de la nature pour rappeler à la vie un corps qui semblait devoir succomber sous les ressources mises en œuvre pour le soulager.

Vingt et un jours se passèrent sans qu'on pût se décider entre la crainte et l'espérance ; enfin, la fièvre se dissipa, et il parut que la malade reprenait connaissance.

Je l'appelais ma chère Biondetta, elle me serra la main. Depuis cet instant, elle reconnut tout ce qui était autour d'elle. J'étais à son chevet : ses yeux se tournèrent sur moi ; les miens étaient baignés de larmes.

Je ne saurais peindre, quand elle me regarda, les grâces, l'expression de son sourire. « Chère Biondetta ! reprit-elle ; je suis la chère Biondetta d'Alvare. »

Elle voulait m'en dire davantage : on me força encore une fois de m'éloigner.

Je pris le parti de rester dans sa chambre, dans un endroit où elle ne pût pas me voir. Enfin, j'eus la permission d'en approcher. « Biondetta, lui dis-je, je fais poursuivre vos assassins. — Ah ! ménagez-les,

dit-elle : ils ont fait mon bonheur. Si je meurs, ce
sera pour vous ; si je vis, ce sera pour vous aimer. »

J'ai des raisons pour abréger ces scènes de tendresse qui se passèrent entre nous jusqu'au temps où
les médecins m'assurèrent que je pouvais faire transporter Biondetta sur les bords de la Brenta, où l'air
serait plus propre à lui rendre ses forces. Nous nous
y établîmes.

Je lui avais donné deux femmes pour la servir,
dès le premier instant où son sexe fut avéré par la nécessité de panser ses blessures. Je rassemblai autour
d'elle tout ce qui pouvait contribuer à sa commo-
dité, et ne m'occupai qu'à la soulager, l'amuser et
lui plaire.

X.

Ses forces se rétablissaient à vue d'œil, et sa beauté semblait prendre chaque jour un nouvel éclat. Enfin, croyant pouvoir l'engager dans une conversation
assez longue, sans intéresser sa santé : « O Biondetta! lui dis-je, je suis comblé d'amour, persuadé
que vous n'êtes point un être fantastique, convaincu
que vous m'aimez, malgré les procédés révoltants que
j'ai eus pour vous jusqu'ici. Mais vous savez si mes
inquiétudes furent fondées. Développez-moi le mys-
tère de l'étrange apparition qui affligea mes regards
dans la voûte de Portici. D'où venaient, que devin-
rent ce monstre affreux, cette petite chienne qui pré-
cédèrent votre arrivée? Comment, pourquoi les avez-
vous remplacés pour vous attacher à moi? Qui étaient-
ils? Qui êtes-vous? Achevez de rassurer un cœur
tout à vous, et qui veut se dévouer pour la vie. —
Alvare, répondit Biondetta, les nécromanciens, éton-

nés de votre audace, voulurent se faire un jeu de votre humiliation, et parvenir par la voie de la terreur à vous réduire à l'état de vil esclave de leurs volontés. Ils vous préparaient d'avance à la frayeur, en vous provoquant à l'évocation du plus puissant et du plus redoutable de tous les esprits ; et par le secours de ceux dont la catégorie leur est soumise, ils vous présentèrent un spectacle qui vous eût fait mourir d'effroi, si la vigueur de votre âme n'eût fait tourner contre eux leur propre stratagème.

» A votre contenance héroïque, les Sylphes, les Salamandres, les Gnômes, les Ondins, enchantés de votre courage, résolurent de vous donner tout l'avantage sur vos ennemis.

» Je suis Sylphide d'origine, et une des plus considérables d'entre elles. Je parus sous la forme de la petite chienne ; je reçus vos ordres, et nous nous empressâmes tous à l'envi de les accomplir. Plus vous mettiez de hauteur, de résolution, d'aisance, d'intelligence à régler nos mouvements, plus nous redoublions d'admiration pour vous et de zèle.

» Vous m'ordonnâtes de vous servir en page, de vous amuser en cantatrice. Je me soumis avec joie, et goûtai de tels charmes dans mon obéissance, que je résolus de vous la vouer pour toujours.

» Décidons, me disais-je, mon état et mon bonheur. Abandonnée dans le vague de l'air à une incertitude nécessaire, sans sensations, sans jouissances, esclave des évocations des cabalistes, jouet de leurs fantaisies, nécessairement bornée dans mes prérogatives comme dans mes connaissances, balancerais-je davantage sur le choix des moyens par lesquels je puis ennoblir mon essence ?

» Il m'est permis de prendre un corps pour m'associer à un sage : le voilà. Si je me réduis au simple

état de femme, si je perds par ce changement volontaire le droit naturel des Sylphides et l'assistance de
mes compagnes, je jouirai du bonheur d'aimer et
d'être aimée. Je servirai mon vainqueur ; je l'instruirai de la sublimité de son être, dont il ignore les prérogatives ; il nous soumettra, avec les éléments dont
j'aurai abandonné l'empire, les esprits de toutes les
sphères. Il est fait pour être le roi du monde, et j'en
serai la reine, et la reine adorée de lui.

» Ces réflexions, plus subites que vous ne pouvez le
croire dans une substance débarrassée d'organes, me
décidèrent sur-le-champ. En conservant ma figure,
je prends un corps de femme pour ne le quitter qu'a-
vec la vie.

» Quand j'eus pris un corps, Alvare, je m'aperçus que j'avais un cœur : je vous admirai, je vous ai-
mai : mais que devins-je lorsque je ne vis en vous
que de la répugnance, de la haine ! Je ne pouvais ni
changer, ni même me repentir ; soumise à tous les
revers auxquels sont sujettes les créatures de votre
espèce, m'étant attiré le courroux des esprits, la
haine implacable des nécromanciens, je devenais,
sans votre protection, l'être le plus malheureux qui
fût sous le ciel ; que dis-je ? je le serais encore sans
votre amour. »

Mille grâces répandues dans la figure, l'action, le
son de la voix ajoutaient au prestige de ce récit intéressant. Je ne concevais rien de ce que j'entendais.
Mais qu'y avait-il de concevable dans mon aventure ?

Tout ceci me paraît un songe, me disais-je ; mais
la vie humaine est-elle autre chose ? je rêve plus
extraordinairement qu'un autre, et voilà tout.

Je l'ai vue de mes yeux, attendant tout secours de
l'art, arriver presque jusqu'aux portes de la mort,

en passant par tous les termes de l'épuisement et de la douleur.

L'homme fut un assemblage d'un peu de boue et d'eau. Pourquoi une femme ne serait-elle pas faite de rosée, de vapeurs terrestres et de rayons de lumière, des débris d'un arc-en-ciel condensés? Où est le possible?... Où est l'impossible?...

Le résultat de mes réflexions fut de me livrer encore plus à mon penchant, en croyant consulter ma raison. Je comblais Biondetta de prévenances, de caresses innocentes. Elle s'y prêtait avec une franchise qui m'enchantait, avec cette pudeur naturelle qui agit sans être l'effet des réflexions ou de la crainte.

XI.

Un mois s'était passé dans des douceurs qui m'avaient enivré. Biondetta, entièrement rétablie, pouvait me suivre partout à la promenade. Je lui avais fait faire un déshabillé d'amazone. Sous ce vêtement, sous un grand chapeau ombragé de plumes, elle attirait tous les regards, et nous ne paraissions jamais que mon bonheur ne fît l'objet de l'envie de tous ces heureux citadins qui peuplent, pendant les beaux jours, les rivages enchantés de la Brenta; les femmes même semblaient avoir renoncé à cette jalousie dont on les accuse, ou subjuguées par une supériorité dont elles ne pouvaient disconvenir, ou désarmées par un maintien qui annonçait l'oubli de tous ces avantages.

Connu de tout le monde pour l'amant aimé d'un objet aussi ravissant, mon orgueil égalait mon amour, et je m'élevais encore davantage quand je venais à me flatter sur le brillant de son origine.

Je ne pouvais douter qu'elle ne possédât les connaissances les plus rares , et je supposais avec raison
que son but était de m'en orner ; mais elle ne m'en-
tretenait que de choses ordinaires et semblait avoir
perdu l'autre objet de vue. « Biondetta, lui dis-je,
un soir que nous nous promenions sur la terrasse de
mon jardin , lorsqu'un penchant trop flatteur pour moi
vous décida à lier votre sort au mien , vous vous pro-
mettiez de m'en rendre digne en me donnant des connaissances qui ne sont point réservées au commun
des hommes. Vous parais-je maintenant indigne de
vos soins ? un amour aussi tendre , aussi délicat que
le vôtre peut-il ne point désirer d'ennoblir son objet ?
— O Alvare ! me répondit-elle , je suis femme depuis six mois, et ma passion, il me le semble, n'a
pas duré un jour. Pardonnez si la plus douce des
sensations enivre un cœur qui n'a jamais rien éprouvé. Je voudrais vous montrer à aimer comme moi ;
et vous seriez, par ce sentiment seul, au dessus de
tous vos semblables ; mais l'orgueil humain aspire à
d'autres jouissances. L'inquiétude naturelle ne lui
permet pas de saisir un bonheur, s'il n'en peut en-
visager un plus grand dans la perspective. Oui, je
vous instruirai , Alvare. J'oubliais avec plaisir mon
intérêt ; il le veut, puisque je dois retrouver ma
grandeur dans la vôtre ; mais il ne suffit pas de me
promettre d'être à moi , il faut que vous vous donniez
et sans réserve et pour toujours. »

Nous étions assis sur un banc de gazon , sous un
abri de chèvrefeuille au fond du jardin : je me jetai à
ses genoux : « Chère Biondetta , lui dis-je , je vous
jure une fidélité à toute épreuve. — Non , disait-elle,
vous ne me connaissez pas, vous ne vous connaissez
pas : il me faut un abandon absolu. Il peut seul me
rassurer et me suffire. »

Je lui baisais la main avec transport, et redoublais mes serments ; elle m'opposait ses craintes. Dans le feu de la conversation, nos têtes se penchent, nos lèvres se rencontrent... Dans le moment, je me sens saisir par la basque de mon habit, et secouer d'une étrange force...

C'était mon chien, un jeune danois dont on m'avait fait présent. Tous les jours, je le faisais jouer avec mon mouchoir. Comme il s'était échappé de la maison la veille, je l'avais fait attacher pour prévenir une seconde évasion. Il venait de rompre son attache ; conduit par l'odorat, il m'avait trouvé, et me tirait par mon manteau pour me montrer sa joie et me solliciter au badinage ; j'eus beau le chasser de la main, de la voix, il ne fut pas possible de l'écarter ; il courait, revenait sur moi en aboyant ; enfin, vaincu par son importunité, je le saisis par son collier et le reconduisis à la maison.

Comme je revenais au berceau pour rejoindre Biondetta, un domestique marchant presque sur mes talons nous avertit qu'on avait servi, et nous allâmes prendre nos places à table. Biondetta eût pu y paraître embarrassée. Heureusement nous nous trouvions en tiers : un jeune noble était venu passer la soirée avec nous.

Le lendemain j'entrai chez Biondetta, résolu de lui faire part des réflexions sérieuses qui m'avaient occupé pendant la nuit. Elle était encore au lit, et je m'assis auprès d'elle. « Nous avons, lui dis-je, pensé faire hier une folie dont je me fusse repenti le reste de mes jours. Ma mère veut absolument que je me marie. Je ne saurais être à d'autre qu'à vous, et ne puis point prendre d'engagement sérieux sans son aveu. Vous regardant déjà comme ma femme, chère Biondetta, mon devoir est de vous respecter. — Eh !

ne dois-je pas vous respecter vous-même, Alvare?
Mais ce sentiment ne serait-il pas le poison de l'a-
mour? — Vous vous trompez, repris-je, il en est
l'assaisonnement... — Bel assaisonnement, qui vous
ramène à moi d'un air glacé, et me pétrifie moi-même!
Ah! Alvare! Alvare! je n'ai heureusement ni rime
ni raison, ni père ni mère, et veux aimer de tout
mon cœur sans cet assaisonnement-là. Vous devez
des égards à votre mère : ils sont naturels; il suffit
que sa volonté ratifie l'union de nos cœurs, pourquoi
faut-il qu'elle la précède? Les préjugés sont nés chez
vous au défaut de lumières, et soit en raisonnant soit
en ne raisonnant pas, ils rendent votre conduite aussi
inconséquente que bizarre. Soumis à de véritables
devoirs, vous vous en imposez qu'il est ou impossible ou inutile de remplir ; enfin vous cherchez à vou
faire écarter de la route, dans la poursuite de l'obje
dont la possession vous semble le plus désirable. No
tre union, nos liens deviennent dépendants de la vo
lonté d'autrui. Qui sait si dona Mencia me trouver
d'assez bonne maison pour entrer dans celle de Mara
villas? Et je me verrais dédaignée? ou, au lieu d
vous tenir de vous-même, il faudrait vous obteni
d'elle? Est-ce un homme destiné à la haute-scienc
qui me parle, ou un enfant qui sort des montagne
de l'Estramadure? Et dois-je être sans délicatesse
quand je vois qu'on ménage celle des autres plus qu
la mienne? Alvare! Alvare! on vante l'amour de
Espagnols; ils auront toujours plus d'orgueil et d
morgue que d'amour. »

J'avais vu des scènes bien extraordinaires; je n'"
tais point préparé à celle-ci. Je voulus excuser mo
respect pour ma mère; le devoir me le prescrivait
et la reconnaissance, l'attachement, plus fort en
core que lui. On n'écoutait pas. « Je ne suis pas d

venue femme pour rien, Alvare : vous me tenez de
moi, je veux vous tenir de vous. Dona Mencia dés-
approuvera après, si elle est folle. Ne m'en parlez
plus. Depuis qu'on me respecte, qu'on se respecte,
qu'on respecte tout le monde, je deviens plus malheureuse que lorsqu'on me haïssait. » Elle se mit à
sangloter.

Heureusement je suis fier, et ce sentiment me ga-
rantit du mouvement de faiblesse qui m'entraînait aux
pieds de Biondetta, pour essayer de désarmer cette
déraisonnable colère, et faire cesser des larmes dont
la seule vue me mettait au désespoir... Je me retirai.
Je passai dans mon cabinet ; en m'y enchaînant, on
m'eût rendu service. Enfin craignant l'issue des com-
bats que j'éprouvais, je cours à ma gondole ; une des
femmes de Biondetta se trouve sur mon chemin. « Je
vais à Venise, lui dis-je. J'y deviens nécessaire pour
la suite du procès intenté à Olympia ; » et sur-le-
champ je pars, en proie aux plus dévorantes inquiétudes, mécontent de Biondetta et plus encore de
moi, voyant qu'il ne me restait à prendre que des
partis lâches ou désespérés.

XII.

J'arrive à la ville ; je touche à la première calle.
Je parcours d'un air effaré toutes les rues qui sont
sur mon passage, ne m'apercevant point qu'un orage
affreux va fondre sur moi, et qu'il faut m'inquiéter
pour trouver un abri.

C'était dans le milieu du mois de juillet. Bientôt
je fus chargé par une pluie abondante mêlée de beaucoup de grêle.

Je vois une porte ouverte devant moi : c'était celle

de l'église du grand couvent des Franciscains; je m'y réfugie.

Ma première réflexion fut qu'il avait fallu un semblable accident pour me faire entrer dans une église depuis mon séjour dans les états de Venise; la seconde fut de me rendre justice sur cet entier oubli de mes devoirs.

Enfin, voulant m'arracher à mes pensées, je considère les tableaux, et cherche à voir les monuments qui sont dans cette église : c'était une espèce de voyage curieux que je faisais autour de la nef et du chœur.

J'arrive enfin dans une chapelle enfoncée et qui était éclairée par une lampe, le jour extérieur n'y pouvant pénétrer. Quelque chose d'éclatant frappe mes regards dans le fond de la chapelle : c'était un monument.

Deux génies descendaient dans un tombeau de marbre noir une figure de femme.

Deux autres génies fondaient en larmes auprès de la tombe.

Toutes les figures étaient de marbre blanc, et leur éclat naturel, rehaussé par le contraste, en réfléchissant vivement la faible lumière de la lampe, semblait les faire briller d'un jour qui leur fût propre, et éclairer lui-même le fond de la chapelle.

J'approche, je considère les figures; elles me paraissent des plus belles proportions, pleines d'expression et de l'exécution la plus finie.

J'attache mes yeux sur la tête de la principale figure. Que deviens-je? Je crois voir le portrait de ma mère. Une douleur vive et tendre, un saint respect, me saisissent.

« O ma mère! est-ce pour m'avertir que mon peu de tendresse et le désordre de ma vie vous conduiront au tombeau que ce froid simulacre emprunte ici votre ressemblance chérie ? O la plus digne des femmes ! tout égaré qu'il est, votre Alvare vous a conservé tous vos droits sur son cœur. Avant de s'écarter de l'obéissance qu'il vous doit, il mourrait plutôt mille fois : il en atteste ce marbre insensible. Hélas ! je suis dévoré de la passion la plus tyrannique : il m'est impossible de m'en rendre maître désormais. Vous venez de parler à mes yeux ; parlez, ah ! parlez à mon cœur, et si je dois la bannir, enseignez-moi comment je pourrai faire sans qu'il m'en coûte la vie. »

En prononçant avec force cette pressante invocation, je m'étais prosterné la face contre terre, et j'attendais dans cette attitude la réponse que j'étais presque sûr de recevoir, tant j'étais enthousiasmé.

Je réfléchis maintenant, ce que je n'étais pas en état de faire alors, que, dans toutes les occasions où nous avons besoin de secours extraordinaires pour régler notre conduite, si nous les demandons avec force, dussions-nous n'être pas exaucés, au moins, en nous recueillant pour les recevoir, nous nous mettons dans le cas d'user de toutes les ressources de notre propre prudence. Je méritais d'être abandonné à la mienne, et voici ce qu'elle me suggéra :

« Tu mettras un devoir à remplir et un espace considérable entre ta passion et toi ; les événements t'éclaireront. »

Allons, dis-je en me relevant avec précipitation, allons ouvrir mon cœur à ma mère, et remettons-nous encore une fois sous ce cher abri.

Je retourne à mon auberge ordinaire ; je cherche une voiture, et, sans m'embarrasser d'équipages, je prends la route de Turin, pour me rendre en Espagne par la France ; mais, avant, je mets dans un paquet une note de trois cents sequins sur la banque, et la lettre qui suit :

« Ma chère Biondetta,

» Je m'arrache d'auprès de vous, ma chère Biondetta, et ce serait m'arracher à la vie, si l'espoir du plus prompt retour ne consolait mon cœur. Je vais voir ma mère ; animé par votre charmante idée, je triompherai d'elle, et viendrai former avec son aveu une union qui doit faire mon bonheur. Heureux d'avoir rempli mes devoirs avant de me donner tout entier à l'amour, je sacrificrai à vos pieds le reste de ma vie. Vous connaîtrez un Espagnol, ma Biondetta ; vous jugerez d'après sa conduite que, s'il obéit aux devoirs de l'honneur et du sang, il sait également satisfaire aux autres. En voyant l'heureux effet de ses préjugés, vous ne taxerez pas d'orgueil le sentiment qui l'y attache. Je ne puis douter de votre amour : il m'avait voué une entière obéissance ; je le reconnaîtrai encore mieux par cette faible condescendance à des vues qui n'ont pour objet que notre commune félicité. Je vous envoie ce qui peut être nécessaire pour l'entretien de notre maison. Je vous enverrai d'Espagne ce que je croirai le moins indigne de vous, en attendant que la plus vive tendresse qui fut jamais vous ramène pour toujours votre esclave. »

Je suis sur la route de l'Estramadure. Nous étions dans la plus belle saison, et tout semblait se prêter à l'impatience que j'avais d'arriver dans ma patrie.

Je découvrais déjà les clochers de Turin lorsqu'une chaise de poste assez mal en ordre ayant dépassé ma voiture s'arrête et me laisse voir, à travers une portière, une femme qui fait des signes et s'élance pour en sortir.

Mon postillon s'arrête de lui-même ; je descends , et reçois Biondetta dans mes bras ; elle y reste pâmée sans connaissance ; elle n'avait pu dire que ce peu de mots : « Alvare ! vous m'avez abandonnée. »

Je la porte dans ma chaise, seul endroit où je pusse l'asseoir commodément ; elle était heureusement à deux places. Je fais mon possible pour lui donner plus d'aisance à respirer en la dégageant de ceux de ses vêtements qui la gênent ; et , la soutenant entre mes bras , je continue ma route dans la situation que l'on peut imaginer.

XIII.

Nous arrêtons à la première auberge de quelque apparence ; je fais porter Biondetta dans la chambre la plus commode ; je la fais mettre sur un lit et m'assieds à côté d'elle. Je m'étais fait apporter des eaux spiritueuses, des élixirs propres à dissiper un évanouissement. A la fin elle ouvre les yeux.

« On a voulu ma mort, encore une fois, dit-elle : on sera satisfait. — Quelle injustice ! lui dis-je ; un caprice vous fait vous refuser à des démarches senties et nécessaires de ma part. Je risque de manquer à mon devoir si je ne sais pas vous résister, et je m'expose à des désagréments, à des remords qui troubleraient la tranquillité de notre union. Je prends le parti de m'échapper pour aller chercher l'aveu de ma mère... — Et que ne me faites-vous connaître votre volonté, cruel ! Ne suis-je pas faite pour vous obéir ? Je vous aurais suivi ; mais m'abandonner seule, sans protection , à la vengeance des ennemis que je me suis faits pour vous, me voir exposée par votre faute aux affronts les plus humiliants...—Expli-

quez-vous, Biondetta ; quelqu'un aurait-il osé ?...—
Et qu'avait-on à risquer contre un être de mon sexe,
dépourvu d'aveu comme de toute assistance ? L'indigne Bernadillo nous avait suivis à Venise ; à peine
avez-vous disparu qu'alors, cessant de vous craindre,
impuissant contre moi depuis que je suis à vous, mais
pouvant troubler l'imagination des gens attachés à
mon service, il a fait assiéger par des fantômes de sa
création votre maison de la Brenta. Mes femmes, ef-
frayées, m'abandonnent. Selon un bruit général,
autorisé par beaucoup de lettres, un lutin a enlevé
un capitaine aux gardes du roi de Naples et l'a conduit à Venise. On assure que je suis ce lutin, et cela
se trouve presque avéré par les indices. Chacun s'é-
carte de moi avec frayeur. J'implore de l'assistance,
de la compassion ; je n'en trouve pas. Enfin l'or ob-
tient ce que l'on refuse à l'humanité. On me vend fort
cher une mauvaise chaise ; je trouve des guides, des
postillons ; je vous suis... »

Ma fermeté pensa s'ébranler au récit des disgrâces
de Biondetta... « Je ne pouvais, lui dis-je, prévoir
des événements de cette nature. Je vous avais vue
l'objet des égards, des respects, de tous les habitants
des bords de la Brenta ; ce qui vous semblait si bien
acquis, pouvais-je imaginer qu'on vous le disputerait
dans mon absence? O Biondetta ! vous êtes éclairée :
ne deviez-vous pas prévoir qu'en contrariant des vues
aussi raisonnables que les miennes, vous me porte-
riez à des résolutions désespérées? Pourquoi...—Est-
on toujours maîtresse de ne pas contrarier? Je suis
femme par mon choix, Alvare, mais je suis femme
enfin, exposée à ressentir toutes les impressions ; je
ne suis pas de marbre. J'ai choisi entre les zones la
matière élémentaire dont mon corps est composé; elle
est très susceptible ; si elle ne l'était pas, je man-

querais de sensibilité, vous ne me feriez rien éprouver et je vous deviendrais insipide. Pardonnez-moi d'avoir couru le risque de prendre toutes les imperfections de mon sexe, pour en réunir, si je pouvais, toutes les grâces ; mais la folie est faite, et constituée comme je le suis à présent, mes sensations sont d'une vivacité dont rien n'approche : mon imagination est un volcan. J'ai, en un mot, des passions d'une violence qui devrait vous effrayer si vous n'étiez pas l'objet de la plus emportée de toutes, et si nous ne connaissions pas mieux les principes et les effets de ces élans naturels qu'on ne les connaît à Salamanque. On leur y donne des noms odieux ; on parle au moins de les étouffer. Etouffer une flamme céleste, le seul ressort au moyen duquel l'âme et le corps peuvent agir réciproquement l'un sur l'autre et se forcer de concourir au maintien nécessaire de leur union ! Cela est bien imbécile, mon cher Alvare ! Il faut régler ces mouvements, mais quelquefois il faut leur céder ; si on les contrarie, si on les soulève, ils échappent tous à la fois, et la raison ne sait plus où s'asseoir pour gouverner. Ménagez-moi dans ces moments-ci, Alvare ; je n'ai que six mois ; je suis dans l'enthousiasme de tout ce que j'éprouve ; songez qu'un de vos refus, un mot que vous me dites inconsidérément, indignent l'amour, révoltent l'orgueil, éveillent le dépit, la défiance, la crainte ; que dis-je ? je vois d'ici ma pauvre tête perdue, et mon Alvare aussi malheureux que moi ! — O Biondetta ! repartis-je, on ne cesse pas de s'étonner auprès de vous ; mais je crois voir la nature même dans l'aveu que vous faites de vos penchants. Nous trouverons des ressources contre eux dans notre tendresse mutuelle. Que ne devons-nous pas espérer d'ailleurs des conseils de la mère qui va nous recevoir dans ses bras ? Elle vous chérira, tout m'en assure, et tout nous aidera à couler des jours heureux...—Il faut vouloir ce que vous voulez, Alvare. Je connais mieux mon sexe et n'espère pas autant que vous; mais je veux vous obéir pour vous plaire, et je me livre. »

Satisfait de me trouver sur la route de l'Espagne, de l'aveu et en compagnie de l'objet qui avait captivé ma raison et mes sens, je m'empressai de chercher le passage des Alpes pour arriver en France; mais il semblait que le ciel me devenait contraire depuis que je n'étais pas seul : des orages affreux suspendent ma course et rendent les chemins mauvais et les passages impraticables. Les chevaux s'abattent; ma voiture, qui semblait neuve et bien assemblée, se dément à chaque poste, et manque par l'essieu, ou par le train, ou par les roues. Enfin, après bien des traverses infinies, je parviens au col de Tende.

Parmi les sujets d'inquiétude, les embarras que me donnait un voyage aussi contrarié, j'admirais le personnage de Biondetta. Ce n'était plus cette femme tendre, triste ou emportée, que j'avais vue ; il semblait qu'elle voulût soulager mon ennui en se livrant aux saillies de la gaîté la plus vive, et me persuader que les fatigues n'avaient rien de rebutant pour elle.

Tout ce badinage agréable était mêlé de caresses trop séduisantes pour que je pusse m'y refuser ; je m'y livrais, mais avec réserve ; mon orgueil compromis servait de frein à la violence de mes désirs. Elle lisait trop bien dans mes yeux pour ne pas juger de mon désordre et chercher à l'augmenter. Je fus en péril, je dois en convenir.

Une fois entre autres, si une roue ne se fût brisée, je ne sais ce que le point d'honneur fût devenu. Cela me mit un peu plus sur mes gardes pour l'avenir.

XIV.

Après des fatigues incroyables, nous arrivâmes à Lyon. Je consentis, par attention pour elle, à m'y reposer quelques jours. Elle arrêtait mes regards sur l'aisance, la facilité des mœurs, de la nation française. «C'est à Paris, c'est à la cour que je voudrais vous voir établi. Les ressources d'aucune espèce ne vous y manqueront; vous ferez la figure qu'il vous plaira d'y faire, et j'ai des moyens sûrs de vous y faire jouer le plus grand rôle. Les Français sont galants : si je ne présume point trop de ma figure, ce qu'il y aurait de plus distingué parmi eux viendrait me rendre hommage, et je les sacrifierais tous à mon Alvare. Le beau sujet de triomphe pour une vanité espagnole ! »

Je regardai cette proposition comme un badinage. « Non, dit-elle, j'ai sérieusement cette fantaisie...— Partons donc bien vite pour l'Estramadure, répliquai-je, et nous reviendrons faire présenter à la cour de France l'épouse de don Alvare Maravillas, car il ne vous conviendrait pas de ne vous y montrer qu'en aventurière...—Je suis sur le chemin de l'Estramadure, dit-elle; il s'en faut bien que je la regarde comme le terme où je dois trouver mon bonheur; comment ferai-je pour ne jamais le rencontrer?»

J'entendais, je voyais sa répugnance, mais j'allais à mon but, et je me trouvai bientôt sur le territoire espagnol. Les obstacles imprévus, les fondrières, les ornières impraticables, les muletiers ivres, les mulets rétifs, me donnaient encore moins de relâche que dans le Piémont et la Savoie.

On dit beaucoup de mal des auberges d'Espagne,

et c'est avec raison ; cependant je m'estimais heureux quand les contrariétés éprouvées pendant le jour ne me forçaient pas de passer une partie de la nuit au milieu de la campagne, ou dans une grange écartée.

« Quel pays allons-nous chercher, disait-elle, à en juger par ce que nous éprouvons ? En sommes-nous encore bien éloignés ? — Vous êtes, repris-je, en Estramadure, et à dix lieues tout au plus du château de Maravillas... — Nous n'y arriverons certainement pas ; le ciel nous en défend les approches. Voyez les vapeurs dont il se charge. »

Je regardai le ciel, et jamais il ne m'avait paru plus menaçant. Je fis apercevoir à Biondetta que la grange où nous étions pouvait nous garantir de l'orage. « Nous garantira-t-elle aussi du tonnerre ? me dit-elle... — Et que vous fait le tonnerre, à vous, habituée à vivre dans les airs, qui l'avez vu tant de fois se former, et devez si bien connaître son origine physique ? — Je ne craindrais pas, si je la connaissais moins ; je me suis soumise pour l'amour de vous aux causes physiques, et je les appréhende parce qu'elles tuent et qu'elles sont physiques. »

Nous étions sur deux tas de paille aux deux extrémités de la grange. Cependant l'orage, après s'être annoncé de loin, approche et mugit d'une manière épouvantable Le ciel paraissait un brasier agité par les vents en mille sens contraires ; les coups de tonnerre, répétés par les antres des montagnes voisines, retentissaient horriblement autour de nous ; ils ne se succédaient pas, ils semblaient s'entre-heurter. Le vent, la grêle, la pluie, se disputaient entre eux à qui ajouterait le plus à l'horreur de l'effroyable tableau dont nos sens étaient affligés. Il part un éclair qui semble embraser notre asile ; un coup effroyable suit ; Biondetta, les yeux fermés, les doigts dans les oreilles, vient se précipiter dans mes bras : « Ah ! Alvare, je suis perdue !... »

Je veux la rassurer. « Mettez la main sur mon cœur, » disait-elle. Elle me la place sur sa gorge, et quoiqu'elle se trompât en me faisant appuyer sur un endroit où le battement ne devait pas être le plus sensible, je démêlai que le mouvement était extraordinaire. Elle m'embrassait de toutes ses forces et redoublait à chaque éclair. Enfin, un coup plus effrayant que tous ceux qui s'étaient fait entendre part : Biondetta s'y dérobe de manière qu'en cas d'accident il ne pût la frapper avant de m'avoir atteint moi-même le premier.

Cet effet de la peur me parut singulier, et je commençai à appréhender pour moi, non les suites de l'orage, mais celles d'un complot formé dans sa tête de vaincre ma résistance à ses vues. Quoique plus transporté que je ne puis le dire, je me lève : « Biondetta, lui dis-je, vous ne savez ce que vous faites. Calmez cette frayeur ; ce tintamare ne menace ni vous ni moi. »

Mon flegme dut la surprendre, mais elle pouvait me dérober ses pensées en continuant d'affecter du trouble. Heureusement la tempête avait fait son dernier effort. Le ciel se nettoyait, et bientôt la clarté de la lune nous annonça que nous n'avions plus rien à craindre du désordre des éléments.

Biondetta demeurait à la place où elle s'était mise. Je m'assis auprès d'elle sans proférer une parole ; elle fit semblant de dormir, et je me mis à rêver plus tristement que je n'eusse encore fait depuis le commencement de mon aventure sur les suites nécessairement fâcheuses de ma passion. Je ne donnerais que le canevas de mes réflexions. Ma maîtresse était charmante, mais je voulais en faire ma femme.

Le jour m'ayant surpris dans ces pensées, je me levai pour aller voir si je pourrais poursuivre ma route. Cela me devenait impossible pour le moment. Le muletier qui conduisait ma calèche me dit que ses mulets étaient hors de service. Comme j'étais dans cet embarras, Biondetta vint me joindre.

Je commençais à perdre patience quand un homme d'une physionomie sinistre, mais vigoureusement taillé, parut devant la porte de la ferme, chassant devant lui deux mulets qui avaient de l'apparence. Je lui proposai de me conduire chez moi ; il savait le chemin ; nous convînmes du prix.

J'allais remonter dans ma voiture, lorsque je crus reconnaître une femme de ma campagne qui traversait le chemin, suivie d'un valet ; je m'approche, je la fixe. C'est Berthe, honnête fermière de mon village et sœur de ma nourrice. Je l'appelle, elle s'arrête, me regarde à son tour, mais d'un air consterné. « Quoi ! c'est vous, me dit-elle, seigneur don Alvare ! Que venez-vous chercher dans un endroit où votre perte est jurée, où vous avez mis la désolation ?.. — Moi ! ma chère Berthe, et qu'ai-je fait ?... — Ah ! seigneur Alvare, la conscience ne vous reproche-t-elle pas la triste situation à laquelle votre digne mère, notre digne maîtresse, se trouve réduite ? Elle se meurt... — Elle se meurt ?... m'écriai-je... —Oui, poursuivit-elle, et c'est la suite du chagrin que vous lui avez causé ; au moment où je vous parle elle ne doit pas être en vie. Il lui est venu des lettres de Naples, de Venise. On lui a écrit des choses qui font trembler. Notre bon seigneur, votre frère, est furieux ; il dit qu'il sollicitera partout des ordres contre vous, qu'il vous dénoncera, vous livrera lui-même...
— Allez, madame Berthe, si vous retournez à Ma-

^ravillas et y arrivez avant moi, annoncez à mon frère qu'il me verra bientôt. »

XV.

Sur-le-champ, la calèche étant attelée, je présente la main à Biondetta, cachant le désordre de mon âme sous l'apparence de la fermeté. Elle se montrait effrayée : « Quoi! dit-elle, nous allons nous livrer à votre frère? nous allons aigrir par notre présence une famille irritée, des vassaux désolés... — Je ne saurais craindre mon frère, Madame; s'il m'impute des torts que je n'ai pas, il est important que je le désabuse. Si j'en ai, il faut que je m'excuse, et comme ils ne viennent pas de mon cœur, j'ai droit à sa compassion et à son indulgence. Si j'ai conduit ma mère au tombeau par le dérèglement de ma conduite, j'en dois réparer le scandale, et pleurer si hautement cette perte, que la vérité, la publicité de mes regrets, effacent aux yeux de toute l'Espagne la tache que le défaut de naturel imprimerait à mon sang. — Ah! don Alvare, vous courez à votre perte et à la mienne; ces lettres écrites de tous côtés, ces préjugés répandus avec tant de promptitude et d'affectation, sont la suite de nos aventures et des persécutions que j'ai essuyées à Venise. Le traître Bernadillo, que vous ne connaissez pas assez, obsède votre frère; il le portera... — Eh! qu'ai-je à redouter de Bernadillo et de tous les lâches de la terre? Je suis, Madame, le seul ennemi redoutable pour moi. On ne portera jamais mon frère à la vengeance aveugle, à l'injustice, à des actions indignes d'un hommes de tête et de courage, d'un gentilhomme enfin. » Le silence succède à cette conversation assez vive; il eût pu devenir embarrassant pour l'un et l'autre; mais, après quelques instants, Biondetta s'assoupit peu à peu, et s'endort.

Pouvais-je ne pas la regarder? Pouvais-je la considérer sans émotion? Sur ce visage brillant de tous les trésors, de la pompe, enfin, de la jeunesse, le sommeil ajoutait aux grâces naturelles du repos cette fraîcheur délicieuse, animée, qui rend tous les traits harmonieux. Un nouvel enchantement s'empare de moi : il écarte mes défiances, mes inquiétudes sont suspendues, ou, s'il m'en reste une assez vive, c'est que la tête de l'objet dont je suis épris, ballottée par les cahots de la voiture, n'éprouve quelque incommodité par la brusquerie ou la rudesse des frottements. Je ne suis plus occupé qu'à la soutenir, à la garantir. Mais nous en éprouvons un si vif, qu'il me devient impossible de le parer; Biondetta jette un cri, et nous sommes renversés.

L'essieu était rompu; les mulets heureusement s'étaient arrêtés. Je me dégage, je me précipite vers Biondetta, rempli des plus vives alarmes. Elle n'avait qu'une légère contusion au coude, et bientôt nous sommes debout en pleine campagne, mais exposés à l'ardeur du soleil en plein midi, à cinq lieues du château de ma mère, sans moyens apparents de pouvoir nous y rendre, car il ne s'offrait à nos regards aucun endroit qui parût être habité.

Cependant, à force de regarder avec attention, je crois distinguer à la distance d'une lieue une fumée qui s'élève derrière un taillis, mêlé de quelques arbres assez élevés. Alors, confiant ma voiture à la garde du muletier, j'engage Biondetta à marcher avec moi du côté qui m'offre l'apparence de quelque secours.

Plus nous avançons, plus notre espoir se fortifie; déjà la petite forêt semble se partager en deux; bientôt elle forme une avenue au fond de laquelle on aperçoit des bâtiments d'une structure modeste; enfin, une ferme considérable termine notre perspective.

Tout semble être en mouvement dans cette habitation, d'ailleurs isolée. Dès qu'on nous aperçoit, un homme se détache et vient au devant de nous.

Il nous aborde avec civilité. Son extérieur est honnête; il est vêtu d'un pourpoint de satin noir taillé en couleur de feu, orné de quelques passements en argent. Son âge paraît être de vingt-cinq à trente ans. Il a le teint d'un campagnard; la fraîcheur perce sous le hâle, et décèle la vigueur et la santé.

Je le mets au fait de l'accident qui m'attire chez lui. « Seigneur cavalier, me répondit-il, vous êtes toujours le bien arrivé, et chez des gens remplis de bonne volonté. J'ai ici une forge, et votre essieu sera rétabli, mais vous me donneriez aujourd'hui tout l'or de monseigneur le duc de Medina-Sidonia mon maître, que ni moi ni personne des miens ne pourrait se mettre à l'ouvrage. Nous arrivons de l'église, mon épouse et moi; c'est le plus beau de nos jours. Entrez. En voyant la mariée, mes parents, mes amis, mes voisins qu'il me faut fêter, vous jugerez s'il m'est possible de faire travailler maintenant. D'ailleurs, si madame et vous ne dédaignez pas une compagnie composée de gens qui subsistent de leur travail depuis le commencement de la monarchie, nous allons nous mettre à table, nous sommes tous heureux aujourd'hui; il ne tiendra qu'à vous de partager notre satisfaction. Demain nous penserons aux affaires »

En même temps il donne ordre qu'on aille chercher ma voiture.

Me voilà hôte de Marcos, le fermier de monseigneur le duc, et nous entrons dans le salon préparé pour le repas de noce. Adossé au manoir principal, il occupe tout le fond de la cour ; c'est une feuillée en arcades, ornée de festons de fleurs, d'où la vue, d'abord arrêtée par les deux petits bosquets, se perd agréablement dans la campagne, à travers l'intervalle qui forme l'avenue.

La table était servie. Luisa, la nouvelle mariée, est entre Marcos et moi. Biondetta est à côté de Marcos. Les pères et les mères, les autres parents, sont vis-à-vis ; la jeunesse occupe les deux bouts.

La mariée baissait deux grands yeux noirs qui n'étaient pas faits pour regarder en dessous ; tout ce qu'on lui disait, et même les choses indifférentes, la faisait rougir.

La gravité préside au commencement du repas : c'est le caractère de la nation ; mais, à mesure que les outres disposées autour de la table se désenflent, les physionomies deviennent moins sérieuses.

On commençait à s'animer, quand tout-à-coup les poètes improvisateurs de la contrée paraissent autour de la table. Ce sont des aveugles qui chantent les couplets suivants, en s'accompagnant de leurs guitares :

Marcos a dit à Louise :
Veux-tu mon cœur et ma foi ?
Elle a répondu : Suis-moi,
Nous parlerons à l'église.
Là, de la bouche et des yeux,
Ils se sont juré tous deux
Une flamme vive et pure.
Si vous êtes curieux
De voir des époux heureux,
Venez en Estramadure.

Louise est sage, elle est belle ;
Marcos a bien des jaloux ;
Mais il les désarme tous
En se montrant digne d'elle.

Et tout ici, d'une voix,
Applaudissant à leur choix,
Vante une flamme aussi pure.
Si vous êtes curieux
De voir des époux heureux,
Venez en Estramadure.

D'une douce sympathie,
Comme leurs cœurs sont unis !
Leurs troupeaux sont réunis
Dans la même bergerie ;
Leurs peines et leurs plaisirs,
Leurs soins, leurs vœux, leurs désirs,
Suivent la même mesure.
Si vous êtes curieux
De voir des époux heureux,
Venez en Estramadure.

Pendant qu'on écoutait ces chansons aussi simples que ceux pour qui elles semblaient être faites, tous les valets de la ferme, n'étant plus nécessaires au service, s'assemblaient gaiment pour manger les reliefs du repas ; mêlés avec des Egyptiens et des Egyptiennes appelés pour augmenter le plaisir de la fête, ils formaient sous les arbres de l'avenue des groupes aussi agissants que variés, et embellissaient notre perspective.

Biondetta cherchait continuellement mes regards, et les forçait à se porter vers ces objets dont elle paraissait agréablement occupée, semblant me reprocher de ne point partager avec elle tout l'amusement qu'ils lui procuraient.

XVI.

Mais le repas a déjà paru trop long à la jeunesse ; elle attend le bal. C'est aux gens d'un âge mûr à

montrer de la complaisance. La table est dérangée ;
les planches qui la forment, les futailles dont elle est
soutenue, sont repoussées au fond de la feuillée ; devenues tréteaux, elles servent d'amphithéâtre aux
symphonistes. On joue le fandango sévillan ; de jeunes Égyptiennes l'exécutent avec leurs castagnettes et
leurs tambours de basque ; la noce se mêle avec elles
et les imite ; la danse est devenue générale.

Biondetta paraissait en dévorer des yeux le spectacle. Sans sortir de sa place, elle essaie tous les mouvements qu'elle voit faire.

« Je crois, dit-elle, que j'aimerais le bal à la fureur. » Bientôt elle s'y engage et me force à danser.
D'abord elle montre quelque embarras et même un
peu de maladresse ; bientôt elle semble s'aguerrir et
unir la grâce et la force à la légéreté, à la précision.
Elle s'échauffe ; il lui faut son mouchoir, le mien,
celui qui lui tombe sous la main : elle ne s'arrête que
pour s'essuyer.

La danse ne fut jamais ma passion, et mon âme
n'était point assez à son aise pour que je pusse me
livrer à un amusement aussi vain. Je m'échappe et
gagne un des bouts de la feuillée, cherchant un endroit où je pusse m'asseoir et rêver.

Un caquet très bruyant me distrait, et arrête presque malgré moi mon attention. Deux voix se sont
élevées derrière moi. « Oui, oui, disait l'une, c'est
un enfant de la planète. Il entrera dans sa maison.
Tiens, Zoradille, il est né le trois mai à trois heures
du matin... — Oh ! vraiment, Lélagise, répondait
l'autre, malheur aux enfants de Saturne ; celui-ci a
Jupiter à l'ascendant, Mars et Mercure en conjonc-
tion trine avec Vénus. Oh ! le beau jeune homme ! Quels
avantages naturels ! Quelles espérances il pourrait
concevoir ! Quelle fortune il devrait faire ! Mais... »

Je connaissais l'heure de ma naissance, et je l'entendais détailler avec la plus singulière précision. Je me retourne et fixe ces babillardes.

Je voix deux vieilles Egyptiennes, moins assises qu'accroupies sur leurs talons. Un teint plus qu'olivâtre, des yeux creux et ardents, une bouche enfoncée, un nez mince et démesuré qui, partant du haut de la tête, vient en se recourbant toucher au menton ; un morceau d'étoffe, qui fut rayé de blanc et de bleu, tourne deux fois autour d'un crâne à demi pelé, tombe en écharpe sur l'épaule, et de là sur les reins, de manière qu'ils ne soient qu'à demi nus ; en un mot, des objets presque aussi révoltants que ridicules. Je les aborde. « Parliez-vous de moi, Mesdames ? leur dis-je, voyant qu'elles continuaient à me fixer et à se faire des signes... — Vous nous écoutiez donc, seigneur cavalier ? — Sans doute, répliquai-je ; et qui vous a si bien instruites de l'heure de ma nativité ?... — Nous aurions bien d'autres choses à vous dire, heureux jeune homme ; mais il faut commencer par mettre le signe dans la main. — Qu'à cela ne tienne, repris-je, et sur-le-champ je leur donne un doublon. — Vois, Zoradille, dit la plus âgée, vois comme il est noble, comme il est fait pour jouir de tous les trésors qui lui sont destinés. Allons, pince la guitare, et suis-moi. » Elle chante :

L'Espagne vous donna l'être,
Mais Parthénope vous a nourri ;
La terre en vous voit son maître.
Du ciel, si vous voulez l'être,
Vous serez le favori.

Le bonheur qu'on vous présage
Est volage et pourrait vous quitter.
Vous le tenez au passage :

Il faut, si vous êtes sage,
Le saisir sans hésiter.

Quel est cet objet aimable?
Qui s'est soumis à votre pouvoir?
Est-il....

Les vieilles étaient en train. J'étais tout oreilles. Biondetta a quitté la danse, elle est accourue, elle me tire par le bras, me force à m'éloigner.

« Pourquoi m'avez-vous abandonnée, Alvare? Que faites-vous ici? — J'écoutais, repris-je... — Quoi! me dit-elle, en m'entraînant, vous écoutiez ces vieux monstres?... — En vérité, ma chère Biondetta, ces créatures sont singulières, elles ont plus de connaissances qu'on ne leur en suppose; elles me disaient... — Sans doute, reprit-elle avec ironie, elles faisaient leur métier, elles vous disaient votre bonne aventure: et vous les croiriez! Vous êtes, avec beaucoup d'esprit, d'une simplicité d'enfant. Et ce sont là les objets qui vous empêchent de vous occuper de moi?... — Au contraire, ma chère Biondetta, elles allaient me parler de vous. — Parler de moi! reprit-elle vivement, avec une sorte d'inquiétude, qu'en savent-elles? qu'en peuvent-elles dire? Vous extravaguez. Vous danserez toute la soirée pour me faire oublier cet écart. »

Je la suis; je rentre de nouveau dans le cercle, mais sans attention à ce qui se passe autour de moi, à ce que je fais moi-même. Je ne songeais qu'à m'échapper pour rejoindre, où je le pourrais, mes diseuses de bonne aventure. Enfin je crois voir un moment favorable; je le saisis. En un clin d'œil j'ai volé vers mes sorcières, les ai retrouvées et conduites sous un petit berceau qui termine le potager de la ferme. Là, je les supplie de me dire, en prose, sans énigme, très succinctement, enfin, tout ce qu'elles peuvent savoir d'intéressant sur mon compte. La conjuration était forte, car j'avais les mains pleines d'or. Elles brûlaient de parler, comme moi de les entendre. Bientôt je ne puis douter qu'elles ne soient instruites des particularités les plus secrètes de ma famille et confusément de mes liaisons avec Biondetta, de mes craintes, de mes espérances. Je croyais apprendre bien des choses, je me flattais d'en apprendre de plus importantes encore ; mais notre Argus est sur mes talons.

Biondetta n'est point accourue, elle a volé. Je voulais parler « Point d'excuse, dit-elle, la rechute est impardonnable... — Ah ! vous me la pardonnerez, lui dis-je, j'en suis sûr, quoique vous m'ayez empêché de m'instruire comme je pouvais l'être ; dès à présent j'en sais assez... — Pour faire quelque extravagance. Je suis furieuse, mais ce n'est pas ici le temps de quereller ; si nous sommes dans le cas de nous manquer d'égards, nous en devons à nos hôtes. On va se mettre à table, et je m'y assieds à côté de vous : je ne prétends plus souffrir que vous m'échappiez. »

Dans le nouvel arrangement du banquet, nous étions assis vis-à-vis des nouveaux mariés. Tous deux sont animés par les plaisirs de la journée : Marcos a les regards brûlants, Luisa les a moins timides ; la pudeur s'en venge et lui couvre les joues du plus vif incarnat. Le vin de Xérès fait le tour de la table, et semble en avoir banni jusqu'à un certain point la réserve ; les vieillards même, s'animant du souvenir de leurs plaisirs passés, provoquent la jeunesse par des saillies qui tiennent moins de la vivacité que de la pétulance. J'avais ce tableau sous les yeux ; j'en avais un plus mouvant, plus varié à côté de moi,

Biondetta, paraissant tour à tour livrée à la passion ou au dépit, la bouche armée des grâces fières du dédain, ou embellie par le sourire, m'agaçait, me boudait, me pinçait jusqu'au sang, et finissait par me marcher doucement sur les pieds. En un mot, c'était en un moment une faveur, un reproche, un châtiment, une caresse : de sorte que, livré à cette vicissitude de sensations, j'étais dans un désordre inconcevable.

XVII.

Les mariés ont disparu ; une partie des convives les a suivis pour une raison ou pour une autre. Nous quittons la table. Une femme, c'était la tante du fermier et nous le savions, prend un flambeau de cire jaune, nous précède, et, en la suivant, nous arrivons dans une petite chambre de douze pieds en carré. Un lit, qui n'en a pas quatre de largeur, une table et deux sièges, en font l'ameublement. « Monsieur et madame, nous dit notre conductrice, voilà le seul appartement que nous puissions vous donner. » Elle pose son flambeau sur la table, et on nous laisse seuls.

Biondetta baisse les yeux. Je lui adresse la parole. « Vous avez donc dit que nous étions mariés ? — Oui, répond-elle, je ne pouvais dire que la vérité. J'ai votre parole, vous avez la mienne ; voilà l'essentiel. Vos cérémonies sont des précautions prises contre la mauvaise foi, et je n'en fais point de cas. Le reste n'a pas dépendu de moi. D'ailleurs, si vous ne voulez pas partager le lit que l'on nous abandonne, vous me donnerez la mortification de vous voir passer la nuit mal à votre aise. J'ai besoin de repos ; je suis

plus que fatiguée, je suis excédée de toutes les ma-
nières. » En prononçant ces paroles du ton le plus
animé, elle s'étend dessus le lit le nez tourné vers
la muraille. « Eh quoi! m'écriai-je, Biondetta, je
vous ai déplu, vous êtes sérieusement fâchée! Comment puis-je expier ma faute? Demandez ma vie. —
Alvare, me répond-elle sans se déranger, allez consulter vos Egyptiennes sur les moyens de rétablir le
repos dans mon cœur et dans le vôtre. — Quoi! l'entretien que j'ai eu avec ces femmes est le motif de
votre colère? Ah! vous allez m'excuser, Biondetta.
Si vous saviez combien les avis qu'elles m'ont donnés
sont d'accord avec les vôtres, et qu'elles m'ont enfin
décidé à ne point retourner au château de Maravillas! Oui, c'en est fait, demain nous partons pour
Rome, pour Venise, pour Paris, pour tous les lieux
que vous voudrez que j'aille habiter avec vous. Nous
y attendrons l'aveu de ma famille... »

A ce discours, Biondetta se retourne. Son visage
était sérieux et même sévère. « Vous rappelez-vous,
Alvare, ce que je suis, ce que j'attendais de vous,
ce que je vous conseillais de faire? Quoi! lorsqu'en
me servant avec discrétion des lumières dont je suis
douée, je n'ai pu vous amener à rien de raisonnable,
la règle de ma conduite et de la vôtre sera fondée sur
les propos de deux êtres, les plus dangereux pour vous
et pour moi, s'ils ne sont pas les plus méprisables!
Certes, s'écria-t-elle dans un transport de douleur,
j'ai toujours craint les hommes; j'ai balancé pendant
des siècles à faire un choix; il est fait, il est sans retour: je suis bien malheureuse! » Alors elle fond en
larmes, dont elle cherche à me dérober la vue.

Combattu par les passions les plus violentes, je
tombe à ses genoux: « O Biondetta! m'écriai-je,
vous ne voyez pas mon cœur! vous cesseriez de le

déchirer ! — Vous ne me connaissez pas, Alvare, et me ferez cruellement souffrir avant de me connaître. Il faut qu'un dernier effort vous dévoile mes ressources, et ravisse si bien et votre estime et votre confiance, que je ne sois plus exposée à des partages humiliants ou dangereux ; vos pythonisses sont trop d'accord avec moi pour ne pas m'inspirer de justes terreurs. Qui m'assure que Soberano, Bernadillo, vos ennemis et les miens, ne soient pas cachés sous ces masques ? Souvenez-vous de Venise. Opposons à leurs ruses un genre de merveilles qu'ils n'attendent sans doute pas de moi. Demain, j'arrive à Maravillas, dont leur politique cherche à m'éloigner ; les plus avilissants, les plus accablants de tous les soupçons vont m'y accueillir ; mais dona Mencia est une femme juste, estimable ; votre frère a l'âme noble ; je m'abandonnerai à eux. Je serai un prodige de douceur, de complaisance, d'obéissance, de patience ; j'irai au devant des épreuves. »

Elle s'arrête un moment. « Sera-ce assez t'abaisser, malheureuse sylphide? » s'écrie-t-elle d'un ton douloureux.

Elle veut poursuivre ; mais l'abondance des larmes lui ôte l'usage de la parole.

Que deviens-je à ces témoignages de passion, ces marques de douleur, ces résolutions dictées par la prudence, ces mouvements d'un courage que je regardais comme héroïque ! Je m'assieds auprès d'elle ; j'essaie de la calmer par mes caresses ; mais d'abord on me repousse ; bientôt après je n'éprouve plus de résistance sans avoir sujet de m'en applaudir ; la respiration l'embarrasse, les yeux sont à demi fermés, le corps n'obéit qu'à des mouvements convulsifs, une froideur suspecte s'est répandue sur toute la peau, le pouls n'a plus de mouvement sensible, et le corps paraîtrait entièrement inanimé, si les pleurs ne coulaient pas avec la même abondance.

O pouvoir des larmes! c'est sans doute le plus puissant de tous les traits de l'amour! Mes défiances, mes résolutions, mes serments, tout est oublié. En voulant tarir la source de cette rosée précieuse, je me suis trop approché de cette bouche où la fraîcheur se réunit au doux parfum de la rose; et si je voulais m'en éloigner, deux bras dont je ne saurais peindre la blancheur, la douceur et la forme, sont des liens dont il me devient impossible de me dégager. . . . .
. . . .

« O mon Alvare! s'écrie Biondetta, j'ai triomphé : je suis le plus heureux de tous les êtres. »

Je n'avais pas la force de parler ; j'éprouvais un trouble extraordinaire ; je dirais plus, j'étais honteux, immobile. Elle se précipite à bas du lit; elle est à mes genoux : elle me déchausse. « Quoi! chère Biondetta, m'écriai-je, quoi! vous vous abaissez?... — Ah! répond-elle, ingrat, je te servais lorsque tu n'étais que mon despote : laisse-moi servir mon amant. »

Je suis dans un moment débarrassé de mes hardes ; mes cheveux, ramassés avec ordre, sont arrangés dans un filet qu'elle a trouvé dans sa poche.

Sa force, son activité, son adresse, ont triomphé de tous les obstacles que je voulais opposer. Elle fait avec la même promptitude sa petite toilette de nuit, éteint le flambeau qui nous éclairait, et voilà les rideaux tirés.

Alors avec une voix à la douceur de laquelle la plus délicieuse musique ne saurait se comparer : « Ai-je fait, dit-elle, le bonheur de mon Alvare, comme il a fait le mien? Mais non : je suis encore la seule heureuse; il le sera, je le veux; je l'enivrerai de délices; je le remplirai de sciences; je l'élèverai au faîte des grandeurs. Voudras-tu, mon cœur, voudras-tu être la créature la plus privilégiée, te soumettre avec moi les hommes, les éléments, la nature entière? — O ma chère Biondetta! lui dis-je, quoiqu'en faisant un peu d'efforts sur moi-même, tu me suffis : tu remplis tous les vœux de mon cœur... — Non, non, répliqua-t-elle vivement, Biondetta ne doit pas te suffire : ce n'est pas là mon nom; tu me l'avais donné; il me flattait; je le portais avec plaisir; mais il faut que tu saches qui je suis... Je suis le Diable, mon cher Alvare, je suis le Diable... »

En prononçant ce mot avec un accent d'une douceur enchanteresse, elle fermait plus exactement le passage aux réponses que j'aurais voulu lui faire. Dès que je pus rompre le silence : « Cesse, lui dis-je, ma chère Biondetta, ou qui que tu sois, de prononcer ce nom fatal et de me rappeler une erreur abjurée depuis long-temps. — Non, mon cher Alvare, non, ce n'était point une erreur; j'ai dû te le faire croire, cher petit homme. Il fallait bien te tromper pour te rendre enfin raisonnable. Votre espèce échappe à la vérité; ce n'est qu'en vous aveuglant qu'on peut vous rendre heureux. Ah! tu le seras beaucoup si tu veux l'être! je prétends te combler. Tu conviens déjà que je ne suis pas aussi dégoûtant que l'on me fait noir. »

Ce badinage achevait de me déconcerter. Je m'y refusais, et l'ivresse de mes sens aidait à ma distraction volontaire.

« Mais réponds-moi donc, me disait-elle. — Eh! que voulez-vous que je réponde?... — Ingrat, place la main sur ce cœur qui t'adore; que le tien s'anime, s'il est possible, de la plus légère des émotions qui sont si sensibles dans le mien. Laisse couler dans tes veines un peu de cette flamme délicieuse par qui les miennes sont embrasées ; adoucis, si tu le peux, le son de cette voix si propre à inspirer l'amour, et dont tu ne te sers que trop pour effrayer mon âme timide ; dis-moi enfin, s'il t'est possible, mais aussi tendrement que je l'éprouve pour toi : Mon cher Béelzébuth, je t'adore..... »

XVIII.

A ce nom fatal, quoique si tendrement prononcé, une frayeur mortelle me saisit ; l'étonnement, la stupeur, accablent mon âme ; je la croirais anéantie si la voix sourde du remords ne criait pas au fond de mon cœur. Cependant, la révolte de mes sens subsiste d'autant plus impérieusement, qu'elle ne peut être réprimée par la raison. Elle me livre sans défense à mon ennemi : il en abuse et me rend aisément sa conquête.

Il ne me donne pas le temps de revenir à moi, de réfléchir sur la faute dont il est beaucoup plus l'auteur que le complice. « Nos affaires sont arrangées, me dit-il, sans altérer sensiblement ce ton de voix auquel il m'avait habitué. Tu es venu me chercher ; je t'ai suivi, servi, favorisé ; enfin, j'ai fait ce que tu as voulu. Je désirais ta possession, et il fallait, pour que j'y parvinsse, que tu me fisses un libre abandon de toi-même. Sans doute, je dois à quelques artifices la première complaisance ; quant à la seconde, je m'étais nommé ; tu savais à qui tu te livrais, et ne saurais te prévaloir de ton ignorance. Désormais, notre lien, Alvare, est indissoluble ; mais pour cimenter notre société, il est important de nous mieux connaître. Comme je te sais déjà presque par cœur, pour rendre nos avantages réciproques, je dois me montrer à toi tel que je suis. »

On ne me donne pas le temps de réfléchir sur cette harangue singulière : un coup de sifflet très aigu part à côté de moi. A l'instant l'obscurité qui m'environne se dissipe ; la corniche qui surmonte le lambris de la chambre s'est toute chargée de gros limaçons ; leurs cornes, qu'ils font mouvoir vivement et en manière de bascule, sont devenues des jets de lumière phosphorique, dont l'éclat et l'effet redoublent par l'agitation et l'allongement.

Presque ébloui par cette illumination subite, je jette les yeux à côté de moi ; au lieu d'une figure ravissante, que vois-je? O ciel! c'est l'effroyable tête de chameau. Elle articule d'une voix de tonnerre ce ténébreux *Che vuoi?* qui m'avait tant épouvanté dans la grotte, part d'un éclat de rire humain plus effrayant encore, tire une langue démesurée...

Je me précipite ; je me cache sous le lit, les yeux fermés, la face contre terre. Je sentais battre mon cœur avec une force terrible ; j'éprouvais un suffoquement comme si j'allais perdre la respiration.

Je ne puis évaluer le temps que je comptais avoir passé dans cette inexprimable situation, quand je me sens tirer par le bras ; mon épouvante s'accroît ; forcé néanmoins d'ouvrir les yeux, une lumière frapfante les aveugle.

Ce n'était point celle des escargots ; il n'y en avait plus sur les corniches ; mais le soleil me donnait d'aplomb sur le visage. On me tire encore par le bras ; on redouble ; je reconnais Marcos.

« Eh! seigneur cavalier, me dit-il, à quelle heure comptez-vous donc partir? Si vous voulez arriver à

Maravillas aujourd'hui, vous n'avez pas de temps à
perdre, il est près de midi. »

Je ne répondais pas ; il m'examine : « Comment ?
vous êtes resté tout habillé sur votre lit : vous y avez
donc passé quatorze heures sans vous éveiller ? Il
fallait que vous eussiez un grand besoin de repos.
Madame votre épouse s'en est doutée ; c'est sans
doute dans la crainte de vous gêner qu'elle a été passer la nuit avec une de mes tantes ; mais elle a été
plus diligente que vous ; par ses ordres, dès le matin
tout a été mis dans votre voiture, et vous pouvez y
monter. Quant à madame, vous ne la trouverez pas
ici : nous lui avons donné une bonne mule ; elle
a voulu profiter de la fraîcheur du matin ; elle vous
précède et doit vous attendre dans le premier village
que vous rencontrerez sur votre route. »

Marcos sort. Machinalement je me frotte les yeux,
et passe les mains sur ma tête pour y trouver ce filet
dont mes cheveux devaient être enveloppés...

Elle est nue, en désordre, ma cadenette est comme elle était la veille : la rosette y tient. Dormirais-
je ? me dis-je alors. Ai-je dormi ? serais-je assez heureux pour que tout n'eût été qu'un songe ? Je lui ai
vu éteindre la lumière.... Elle l'a éteinte.... La
voilà....

Marcos rentre. « Si vous voulez prendre un repas,
seigneur cavalier, il est préparé. Votre voiture est
attelée. »

Je descends du lit : à peine puis-je me soutenir,
mes jarrets plient sous moi. Je consens à prendre
quelque nourriture, mais cela me devient impossible.
Alors, voulant remercier le fermier et l'indemniser
de la dépense que je lui ai occasionnée, il refuse.

Madame, me répond-il, nous a satisfaits et plus
que noblement ; vous et moi, seigneur cavalier,

avons deux braves femmes. A ce propos, sans rien répondre, je monte dans ma chaise ; elle chemine.

Je ne peindrai point la confusion de mes pensées ; elle était telle, que l'idée du danger dans lequel je devais trouver ma mère ne s'y retraçait que faiblement. Les yeux hébétés, la bouche béante, j'étais moins un homme qu'un automate.

Mon conducteur me réveille. « Seigneur cavalier, nous devons trouver madame dans ce village-ci. »

Je ne lui réponds rien. Nous traversions une espèce de bourgade ; à chaque maison il s'informe si l'on n'a pas vu passer une jeune dame en tel et tel équipage. On lui répond qu'elle ne s'est point arrêtée. Il se retourne comme voulant lire sur mon visage mon inquiétude à ce sujet. Et, s'il n'en savait pas plus que moi, je devais lui paraître bien troublé.

Nous sommes hors du village, et je commence à me flatter que l'objet actuel de mes frayeurs s'est éloigné au moins pour quelque temps. Ah ! si je puis arriver, tomber aux genoux de dona Mencia, me dis-je à moi-même, si je puis me mettre sous la sauvegarde de ma respectable mère, fantômes, monstres, qui vous êtes acharnés sur moi, oserez-vous violer cet asile ? J'y retrouverai avec les sentiments de la nature les principes salutaires dont je m'étais écarté ; je m'en ferai un rempart contre vous.

Mais si les chagrins occasionnés par mes désordres m'ont privé de cet ange tutélaire... Ah ! je ne veux vivre que pour la venger sur moi-même. Je m'ensevelirai dans un cloître... Eh ! qui m'y délivrera des chimères engendrées dans mon cerveau ? Prenons l'état ecclésiastique. Sexe charmant, il faut que je renonce à vous ; une larve infernale s'est revêtue de toutes les grâces dont j'étais idolâtre ; ce que je verrais en vous de plus touchant me rappellerait...

XIX.

Au milieu de ces réflexions, dans lesquelles mon attention est concentrée, la voiture est entrée dans la grande cour du château. J'entends une voix : « C'est Alvare ! c'est mon fils ! » J'élève la vue et reconnais ma mère sur le balcon de son appartement.

Rien n'égale alors la douceur, la vivacité du sentiment que j'éprouve. Mon âme semble renaître ; mes forces se raniment toutes à la fois, je me précipite, je vole dans les bras qui m'attendent. Je me prosterne. Ah ! m'écriai-je les yeux baignés de pleurs, la voix entrecoupée de sanglots, ma mère ! ma mère ! je ne suis donc pas votre assassin ? Me reconnaîtrez-vous pour votre fils ? Ah ! ma mère, vous m'embrassez...

La passion qui me transporte, la véhémence de mon action, ont tellement altéré mes traits et le son de ma voix, que dona Mencia en conçoit de l'inquiétude. Elle me relève avec bonté, m'embrasse de nouveau, me force à m'asseoir. Je voulais parler ; cela m'était impossible ; je me jetais sur ses mains en les baignant de larmes, en les couvrant des caresses les plus emportées.

Dona Mencia me considère d'un air d'étonnement ; elle suppose qu'il doit m'être arrivé quelque chose d'extraordinaire ; elle appréhende même quelque dérangement dans ma raison. Tandis que son inquiétude, sa curiosité, sa bonté, sa tendresse, se peignent dans ses complaisances et dans ses regards, sa prévoyance a fait rassembler sous ma main ce qui peut soulager les besoins d'un voyageur fatigué par une route longue et pénible.

Les domestiques s'empressent à me servir. Je mouille mes lèvres par complaisance ; mes regards distraits cherchent mon frère ; alarmé de ne le pas voir : « Madame, dis-je, où est l'estimable don Juan ?

— Il sera bien aise de savoir que vous êtes ici, puisqu'il vous avait écrit de vous y rendre ; mais comme ses lettres, datées de Madrid, ne peuvent être parties que depuis quelques jours, nous ne vous attendions pas si tôt. Vous êtes colonel du régiment qu'il avait, et le roi vient de le nommer à une vice-royauté dans les Indes. — Ciel ! m'écriai-je. Tout serait-il faux dans le songe affreux que je viens de faire ? Mais il est impossible... — De quel songe parlez-vous, Alvare ?... — Du plus long, du plus étonnant, du plus effrayant que l'on puisse faire. » Alors, surmontant l'orgueil et la honte, je lui fais le détail de ce qui m'était arrivé depuis mon entrée dans la grotte de Portici, jusqu'au moment heureux où j'avais pu embrasser ses genoux.

Cette femme respectable m'écoute avec une attention, une patience, une bonté extraordinaires. Comme je connaissais l'étendue de ma faute, elle vit qu'il était inutile de me l'exagérer.

« Mon cher fils, vous avez couru après les mensonges, et, dès le moment même, vous en avez été environné. Jugez-en par la nouvelle de mon indisposition et du courroux de votre frère aîné. Berthe, à qui vous avez cru parler, est depuis quelque temps détenue au lit par une infirmité. Je ne songeai jamais à vous envoyer deux cents sequins au delà de votre pension. J'aurais craint, ou d'entretenir vos désordres, ou de vous y plonger par une libéralité mal entendue. L'honnête écuyer Pimientos est mort depuis huit mois. Et sur dix-huit cents clochers que possède peut-être M. le duc de Medina-Sidonia dans toutes les Espagnes, il n'a pas un pouce de terre à l'endroit que vous désignez; je le connais parfaitement, et vous aurez rêvé cette ferme et tous ses habitants.— Ah! Madame, repris-je, le muletier qni m'amène a vu cela comme moi. Il a dansé à la noce. »

Ma mère ordonne qu'on fasse venir le muletier, mais il avait dételé en arrivant, sans demander son salaire.

Cette fuite précipitée, qui ne laissait point de traces, jeta ma mère en quelques soupçons. Nugnès, dit-elle à un page qui traversait l'appartement, allez dire au vénérable don Quebracuernos que mon fils Alvare et moi l'attendons ici.

C'est, poursuivit-elle, un docteur de Salamanque; il a ma confiance et la mérite; vous pouvez lui donner la vôtre. Il y a dans la fin de votre rêve une particularité qui m'embarrasse; don Quebracuernos connaît les termes, et définira ces choses beaucoup mieux que moi.

Le vénérable docteur ne se fit pas attendre; il imposait, même avant de parler, par la gravité de son maintien. Ma mère me fit recommencer devant lui l'aveu sincère de mon étourderie et des suites qu'elle avait eues. Il m'écoutait avec une attention mêlée d'étonnement et sans m'interrompre. Lorsque j'eus achevé, après s'être un peu recueilli, il prit la parole en ces termes :

« Certainement, seigneur Alvare, vous venez d'échapper au plus grand péril auquel un homme puisse être exposé par sa faute. Vous avez provoqué l'esprit malin et lui avez fourni, par une suite d'imprudences, tous les déguisements dont il avait besoin pour parvenir à vous tromper et à vous perdre. Votre aventure est bien extraordinaire; je n'ai rien lu de semblable dans la *Démonomanie* de Bodin, ni dans

le *Monde enchanté* de Bekker, et il faut convenir
que, depuis que ces grands hommes ont écrit, notre
ennemi s'est prodigieusement raffiné sur la manière
de former ses attaques, en profitant des ruses que
les hommes du siècle emploient réciproquement pour
se corrompre. Il copie la nature fidèlement et avec
choix ; il emploie la ressource des talents aimables,
donne des fêtes bien entendues, fait parler aux passions leur plus séduisant langage ; il imite même jusqu'à un certain point la vertu. Cela m'ouvre les yeux
sur beaucoup de choses qui se passent ; je vois d'ici
bien des grottes plus dangereuses que celles de Portici, et une multitude d'obsédés, qui malheureuse-
ment ne se doutent pas de l'être. A votre égard, en
prenant des précautions sages pour le présent et pour
l'avenir, je vous crois entièrement délivré. Votre ennemi s'est retiré, cela n'est pas équivoque. Il vous a
séduit, il est vrai, mais il n'a pu parvenir à vous
corrompre ; vos intentions, vos remords, vous ont
préservé à l'aide des secours extraordinaires que
vous avez reçus ; ainsi son prétendu triomphe et votre défaite n'ont été pour vous et pour lui qu'une il-
lusion dont le repentir achèvera de vous laver. Quant
à lui, une retraite forcée a été son partage ; mais ad-
mirez comme il a su la couvrir, et laisser en partant
le trouble dans votre esprit et des intelligences dans
votre cœur pour pouvoir renouveler l'attaque, si
vous lui en fournissez l'occasion. Après vous avoir
ébloui autant que vous avez voulu l'être, contraint
de se montrer à vous dans toute sa difformité, il
obéit en esclave qui prémédite la révolte ; il ne veut
vous laisser aucune idée raisonnable et distincte, mê-
lant le grotesque au terrible, le puéril de ses escargots lumineux à la découverte effrayante de son horrible tête, enfin le mensonge à la vérité, le repos à

la veille, de manière que votre esprit confus ne distingue rien, et que vous puissiez croire que la vision qui vous a frappé était moins l'effet de sa malice qu'un rêve occasionné par les vapeurs de votre cerveau; mais il a soigneusement isolé l'idée de ce fantôme agréable dont il s'est long-temps servi pour vous égarer; il la rapprochera si vous le lui rendez possible. Je ne crois pas cependant que la barrière du cloître, ou de notre état, soit celle que vous deviez lui opposer. Votre vocation n'est point assez décidée; les gens instruits par leur expérience sont nécessaires dans le monde. Croyez-moi, formez des liens légitimes avec une personne du sexe; que votre respectable mère préside à votre choix; et dût celle que vous tiendrez de sa main avoir des grâces et des talents célestes, vous ne serez jamais tenté de la prendre pour le Diable.

ÉPILOGUE

DIABLE AMOUREUX.

Lorsque la première édition du *Diable amoureux*
parut, ses lecteurs en trouvèrent le dénoûment trop
brusque. Le plus grand nombre eût désiré que le héros tombât dans un piége couvert d'assez de fleurs
pour qu'elles pussent lui sauver le désagrément de la
chute. Enfin, l'imagination leur semblait avoir abandonné l'auteur, parvenu aux trois quarts de sa petite carrière ; alors la vanité, qui ne veut rien perdre, suggéra à celui-ci, pour se venger du reproche
de stérilité et justifier son propre goût, de réciter aux
personnes de sa connaissance le roman en entier tel
qu'il l'avait conçu dans le premier feu. Alvare y devenait la dupe de son ennemi, et l'ouvrage alors, di-
visé en deux parties, se terminait dans la première
par cette fâcheuse catastrophe, dont la seconde partie développait les suites ; d'obsédé qu'il était, Alvare, devenu possédé, n'était plus qu'un instrument
entre les mains du Diable, dont celui-ci se servait
pour mettre le désordre partout. Le canevas de cette
seconde partie, en donnant beaucoup d'essor à l'i-

magination, ouvrait la carrière la plus étendue à la critique, au sarcasme, à la licence.

Sur ce récit, les avis se partagèrent : les uns prétendirent qu'on devait conduire Alvare jusqu'à la chute inclusivement, et s'arrêter là ; les autres, qu'on ne devait pas en retrancher les conséquences.

On a cherché à concilier les idées des critiques dans cette nouvelle édition. Alvare y est dupe jusqu'à un certain point, mais sans être victime ; son adversaire, pour le tromper, est réduit à se montrer honnête et presque prude, ce qui détruit les effets de son propre système, et rend son succès incomplet. Enfin, il arrive à sa victime ce qui pourrait arriver à un galant homme séduit par les plus honnêtes apparences ; il aurait sans doute fait de certaines pertes, mais il sauverait l'honneur, si les circonstances de son aventure étaient connues.

On pressentira aisément les raisons qui ont fait supprimer la deuxième partie de l'ouvrage : si elle était susceptible d'une certaine espèce de comique aisé, piquant quoique forcé, elle présentait des idées noires, et il n'en faut pas offrir de cette espèce à une nation de qui l'on peut dire que, si le rire est un caractère distinctif de l'homme comme animal, c'est chez elle qu'il est le plus agréablement marqué. Elle n'a pas moins de grâces dans l'attendrissement ; mais, soit qu'on l'amuse ou qu'on l'intéresse, il faut ménager son beau naturel, et lui épargner les convulsions.

Le petit ouvrage que l'on donne aujourd'hui réimprimé et augmenté, quoique peu important, a eu dans le principe des motifs raisonnables, et son origine est assez noble pour qu'on ne doive en parler ici qu'avec les plus grands ménagements. Il fut inspiré par la lecture du passage d'un auteur infiniment respectable, dans lequel il est parlé des ruses que peut employer le Démon quand il veut plaire et séduire. On les a rassemblées, autant qu'on a pu le faire, dans une allégorie où les principes sont aux prises avec les passions : l'âme est le champ de bataille ; la curiosité engage l'action ; l'allégorie est double, et les lecteurs s'en apercevront aisément.

On ne poursuivra pas l'explication plus loin : on se souvient qu'à vingt-cinq ans, en parcourant l'édition complète des œuvres du Tasse, on tomba sur un volume qui ne contenait que l'éclaircissement des allégories renfermées dans la *Jérusalem délivrée*. On se garda bien de l'ouvrir. On était amoureux passionné d'Armide, d'Herminie, de Clorinde ; on perdait des chimères trop agréables si ces princesses étaient réduites à n'être que de simples emblèmes.

LE

DÉMON MARIÉ.

On trouve parmi les anciennes annales de Florence une histoire à laquelle on a d'abord assez de peine à ajouter foi; mais les circonstances en sont si notables et si pressantes, que l'esprit est enfin contraint de s'y rendre, car les personnes et les familles y sont nommées, et quelques unes sont encore présentement si considérables, qu'on n'aurait pas osé les comprendre en cette relation, si elle n'était fort authentique; et l'histoire en serait périe avec le temps, si la vérité ne l'avait défendue contre l'oubli. Un homme de probité de cette ville-là (je ne feindrai point de dire que c'est le fameux Machiavel) en a laissé des mémoires qu'il dit avoir reçus de Rodéric même, qui est le héros de la pièce.

Il dit donc que du temps que Florence était une république, une infinité de gens allaient en enfer pour être morts en péché mortel, et qu'à leur entrée dans ce malheureux séjour, presque tous se plaignaient qu'ils n'étaient tombés en ce malheur que pour avoir épousé des femmes insupportables; que les juges infernaux en étaient fort étonnés, et qu'ils ne pouvaient qu'à peine croire que la malignité des femmes fût si grande et que l'accusation en fût véritable. Mais comme depuis long-temps on ne leur disait autre chose, et que presque tous les damnés s'accordaient dans cette accusation, ils en firent leur rapport à Lucifer, qui jugea que la chose était digne d'en faire information ; il voulut être éclairci de la vérité, et, pour cet effet, ayant sur-le-champ assemblé son conseil, il leur dit ces paroles :

« Messieurs, encore que ma puissance soit absolue et arbitraire dans ce royaume sombre, et que je ne sois obligé par aucune loi ni coutume de prendre sur mes affaires l'avis de personne, néanmoins, comme il y a plus de sagesse à prendre conseil qu'à le négliger, je vous ai fait venir pour prendre vos sentiments sur une chose que je trouve très importante, et qui pourrait procurer quelque blâme à mon gouvernement si je la laissais passer sans en découvrir la vérité. Tous les hommes qui viennent ici ne se plaignent que de leurs femmes ; ils les accusent constamment d'être la seule cause de leur perte ; cela me paraît impossible ; mais pourtant je crains d'une part de passer pour ridicule, en accordant ma créance à ce rapport, et d'autre part d'être blâmé de négligence ; si je ne m'en informe à fond et diligemment. Dites-moi donc, je vous prie, ce que vous pensez que je doive faire en cette occasion. »

La chose parut à tous de conséquence, et ils convinrent d'abord qu'il fallait par tous moyens découvrir si les plaintes des hommes mécontents de leurs mariages étaient fondées sur la vérité ; mais ils ne furent pas d'accord sur les mesures qu'il fallait prendre pour n'y être pas trompé. Les uns opinèrent qu'il fallait envoyer sur la terre un démon en forme humaine, qui connût par lui-même du fait pour en faire ensuite son rapport; les autres disaient qu'on pourrait savoir la chose sans se mettre si fort en frais, et qu'il n'y avait qu'à redoubler la torture à plusieurs âmes de différentes espèces, pour leur faire avouer la vérité. Cet avis trop cruel fut rejeté, parce qu'on assura que les tourments étaient une mauvaise voie pour savoir la vérité, et qu'au contraire ils faisaient toujours mentir ceux qui ne pouvaient les souffrir pour s'en délivrer, et ceux qui étaient assez forts pour les endurer, par la gloire qui flattait leur orgueil d'avoir résisté aux plus rudes peines; mais on ajouta que, s'il s'agissait de tirer de l'âme d'une femme damnée la vérité par force de tourments, on y perdrait sa peine, vu que son obstination à résister à son devoir, étant déjà invincible durant sa vie, se trouverait encore confirmée et endurcie en enfer. C'est pourquoi il fut résolu, à la pluralité des voix, qu'on députerait un de la troupe en l'autre monde, pour y voir de ses propres yeux la vérité de ce qui s'y passait.

Mais personne ne s'offrant pour cet emploi, on tira au sort, et il tomba sur Belfégor, l'un des principaux ministres de cette cour, et qui d'archange, avant sa chute du ciel, était devenu archidiable. Il ne prit cette commission qu'à regret; mais il fut contraint d'obéir, et s'engagea à pratiquer et faire exactement tout ce qui avait été résolu dans le conseil. Il avait été ordonné que celui qui serait député recevrait du trésor cent mille ducats pour aller sur la terre en forme humaine, et qu'étant là il prendrait une femme, avec laquelle il serait obligé de tenir ménage durant dix ans, au bout desquels, feignant de mourir, il abandonnerait son corps et viendrait rendre compte à ses supérieurs de l'expérience qu'il aurait faite des fatigues et des peines du mariage. On lui déclara encore que pendant tout ce temps il serait soumis à toutes les disgrâces, à toutes les passions et à toutes les faiblesses d'esprit auxquelles les mortels sont sujets, même à l'ignorance, à la pauvreté et à la perte de la liberté, à moins qu'il ne s'en sût défendre par la force ou par adresse. Belfégor vint en ce monde, ayant accepté ces conditions et reçu l'argent, et s'étant promptement mis en équipage, il arriva à Florence avec une suite magnifique. Il y fut reçu avec beaucoup de courtoisie, et il y établit son domicile, par préférence à toutes les autres villes de la terre, comme celle qu'il jugea plus propre à faire valoir son argent, et où l'usure se pratique le mieux. Il se fit appeler Rodéric de Castille, et se logea près du bourg de Tous les Saints; et afin qu'on ne s'arrêtât pas à s'informer plus amplement de sa qualité, il déclara qu'il était Espagnol, d'une naissance assez médiocre; mais qu'ayant voyagé en Syrie, il avait négocié dans la ville d'Alep, où il avait gagné tout son bien, et que s'étant voulu retirer, il était venu en Italie, résolu de s'y établir et de s'y marier, comme étant un pays plus poli que l'Asie et plus conforme à son humeur. Comme il s'était fait un corps à sa manière, il était beau et de bonne mine; il paraissait être à la fleur de son âge; et ayant dans peu de jours fait connaissance avec les principaux de la ville et fait montre de ses richesses et de sa libéralité, témoignant à tout le monde une extrême honnêteté et une grande douceur, plusieurs des nobles qui avaient peu de biens et beaucoup d'enfants s'empressèrent de le caresser et de rechercher son alliance; mais il préféra à toutes les autres femmes Honorie, fille d'Améric Donati, une des plus belles de Florence, et qu'il crut mieux lui convenir.

Le seigneur Donati était sans doute d'une très noble famille, et fort considéré dans sa ville; mais ayant encore trois autres filles, aussi prêtes à marier que leur aînée, et trois fils, homme faits, on peut dire qu'il était très pauvre par rapport à sa qualité et au rang qu'il était obligé de tenir, et par sa nombreuse famille.

Rodéric n'oublia rien pour rendre ses noces pompeuses et magnifiques ; tout y fut éclatant et splendide, et la fête en fut très galante ; et comme, suivant la loi à lui imposée, il devait être sujet à toutes les passions des hommes, il eut l'ambition de rechercher les honneurs et les applaudissements publics. Il était avide de louanges, il aimait le faste ; et cette passion lui fit faire de grandes dépenses. D'autre part, il prit tant d'amour pour Honorie, qu'il ne pouvait vivre sans elle, et, s'il la voyait triste ou mécontente, c'était assez pour le désespérer. Elle avait porté dans la maison de son mari, avec sa noblesse et sa beauté, un orgueil si insolent, que celui de Lucifer même n'était rien en comparaison ; et Rodéric, qui avait éprouvé l'un et l'autre, trouvait que celui de sa femme l'emportait de beaucoup ; mais cet orgueil alla bien plus loin quand elle s'aperçut que Rodéric l'aimait éperdument : elle se mit en tête de gouverner absolument, et de se donner une autorité sans mesure ; elle lui commandait donc de faire les choses les plus difficiles, ou de s'abstenir des plus agréables ; et sans avoir ni compassion ni respect pour lui, s'il s'avisait de lui refuser quoi que ce fût, elle l'accablait d'injures et d'outrages, à quoi elle joignait un mépris si déclaré que le pauvre diable en mourait de chagrin.

Ce ne fut pas tout : pour le gourmander davantage, elle feignit d'en être jalouse ; mais la feinte dura peu, parce qu'elle le devint tout de bon. Rodéric était assez solitaire ; il sortait peu, méprisant les divertissements vulgaires, auxquels il préférait l'étude et la lecture ; il était officieux, et, s'intriguant dans les affaires de ses amis, il accommodait leurs différents, et leur donnait de bons conseils pour finir leurs procès. On pouvait dire de lui, sans mentir, que c'était un bon diable.

Cette conduite attirait chez lui force gens de toutes qualités et de tous sexes ; il y venait des veuves, il y venait des religieux, il y venait des gens d'affaires. Honorie était incessamment aux écoutes, voulant savoir tout ce qui se passait ; elle avait même fait percer la porte du cabinet de Rodéric, afin de voir ceux ou celles qui conversaient avec lui ; mais le trou en était presque imperceptible ; il n'était su que d'elle. Par cet endroit elle pouvait entrevoir ce qui se passait, ou entendre quelque chose des conversations, qu'elle tournait toujours en mauvaise part, quelque innocentes qu'elles fussent ; et, non contente de cette impertinente curiosité, qu'on ne saurait trop condamner en une femme, elle avait l'impudence de déclarer à son mari qu'elle avait vu et ouï tout ce qu'il avait fait, tout ce qu'il avait dit, et de lui faire là dessus son procès sans miséricorde, sans vouloir écouter ses raisons ; et plus le bonhomme s'efforçait de se justifier, plus elle le déclarait coupable, abusant ainsi de sa bonne foi et de sa patience.

Comme il est difficile qu'en écoutant de la sorte on puisse bien entendre tout ce qui se dit, et connaître l'intention de ceux qui parlent, Honorie en soupçonnait plus qu'elle n'en comprenait ; et comme son mauvais naturel la portait à de malicieuses explications, elle crut tout de bon que son mari manquait à la foi conjugale, ce qu'elle crut encore avoir reconnu à d'autres marques ; mais, ne sachant à qui appliquer ses soupçons, elle mit toute son étude à découvrir les intrigues maritales, et n'y épargna ni soin ni dépense. Pour cet effet elle tâcha de gagner tous les domestiques pour observer Rodéric, et disposa même un de ses frères pour l'accompagner partout, sous prétexte de lui faire honneur, afin qu'il ne pût faire un pas ni un mouvement dont elle ne fût informée.

Le frère ni les domestiques ne purent jamais rien découvrir de ce qu'elle souhaitait ; la conduite de Rodéric était sage, et il se comporta toujours si honnêtement en leur présence, qu'ils ne purent se dispenser d'en faire de louables rapports. Les démons sont chastes naturellement, et celui-ci, quoique soumis aux passions humaines, n'eut jamais de faible du côté de l'amour que pour sa femme. Honorie ne fut pas satisfaite du rapport de son frère, ni de celui des domestiques ; elle crut qu'ils étaient négligents ou gagnés par son mari : cela fut cause qu'elle rompit avec ce frère, et qu'elle chassa tous les domestiques, en la présence même de Rodéric, qui n'eut jamais la force de révoquer ce bannissement, quoique injuste, et que, parmi les domestiques, il s'en trouvât de bons et de fidèles, tant il craignait d'irriter cette femme, qui le bravait impunément. Les démons mêmes qu'il avait amenés avec lui pour le servir en forme humaine, comme domestiques affidés, furent si mal traités et si long-temps, qu'ils quittèrent comme les autres, et aimèrent mieux retourner en enfer que de demeurer avec elle. Le changement de domestiques donna lieu à d'autres ombrages et à d'autres querelles, si l'on peut appeler ainsi une persécution où la femme insultait incessamment, et le mari souffrait tout sans rien dire. Elle voulut gagner à elle le monde nouveau qu'elle avait fait ; la première leçon qu'elle leur donnait était d'être toujours de son parti contre son mari, de ne rien faire de

ce qu'il commanderait sans qu'elle l'eût examiné et
permis, et de prendre garde à ses déportements, dont
elle voulait être informée sur-le-champ, à peine d'être
chassé. C'était autant d'espions qu'elle voulait avoir
auprès de ce pauvre mari, dont elle disait tout le
mal qu'elle pouvait, se plaignant toujours et n'étant
contente d'aucune démarche qu'il pût faire.

Les domestiques, prévenus contre Rodéric, em-
ployaient les premiers jours à observer sa conduite, en
laquelle ne voyant rien que d'honnête et de raisonnable, les plus sages n'en faisaient aucun rapport à
Honorie qui ne fût à sa louange ; cela ne lui plaisait pas,
et lui donnait lieu de les quereller premièrement, et
quelquefois de les battre de ses propres mains, et ensuite de les chasser honteusement et avec scandale,
les accusant ouvertement, quoique faussement, ou
de larcin ou de débauche, et en secret d'être du parti
de son mari, qui les avait gagnés, ce qu'elle appelait
être du mauvais parti et du plus faible.

Les serviteurs ou servantes qui valaient le moins
étaient caressés pourvu qu'ils applaudissent à la dame, et qu'ils entrassent dans ses sentiments, méprisant Rodéric, et disant du mal de lui ; elle les y fôr-
çait même souvent, et d'avouer des choses qu'ils ne
savaient pas, comme s'ils les eussent vues, à peine
d'être chassés comme les premiers ; et l'artificieuse
femme, qui voulait justifier ses violences et son orgueil auprès de ses parents et de ses amis, appelait
en témoignage devant eux ces serviteurs corrompus,
qui blâmaient la conduite de Rodéric et donnaient
gain de cause à sa femme. Ces gens ne manquaient
pas de se prévaloir des folies de la femme et de la
patience du mari ; ils volaient impunément l'un et
l'autre, et dissipaient leur bien avec fureur. Honorie,
s'en apercevant enfin, était contrainte de changer

encore de domestiques, et cela arriva si souvent, qu'en une seule année elle eut plus de cinquante femmes de chambre différentes, les unes après les autres, dont les plus vertueuses méritaient le fouet par les mains du bourreau.

Honorie n'en demeura pas là : elle voulut jouer et recevoir des joueurs chez elle ; il en vint beaucoup de tout sexe, de tout âge et de toutes qualités ; le bon accueil qu'elle leur fit, et son peu d'adresse au jeu, les attira. Elle perdait presque toujours, et souvent de grosses sommes ; à cela elle joignait de fréquents cadeaux et des repas magnifiques, ce qui consuma beaucoup au pauvre Rodéric, car ses revenus n'y suffisaient pas. Sa patience fut encore la même sur ce chapitre ; il n'en osait rien témoigner, et s'il lui échappait d'en toucher quelque chose dans leur conversation particulière, c'était une querelle aussi forte que sur le chapitre de la jalousie. Quoi ! disait Honorie, blâmer mon jeu, qui m'attire tant d'honnêtes gens, et où je gagne beaucoup ! Veut-il donc me traiter en petite bourgeoise, et me renfermer dans une chambre noire ? Ce divertissement innocent dont je me soucie, ne l'admettant que par complaisance, empêche-t-il que je ne veille sur ma famille et sur les affaires domestiques ? Trouvera-t-on une maison à Florence mieux réglée que la nôtre, et où toutes choses soient mieux en ordre, et le tout par mes soins ? Aimerait-il mieux que je fisse l'amour comme telle et telle (nommant plusieurs dames de sa ville, plus honnêtes femmes qu'elle, et dont néanmoins elle déchirait impitoyablement la réputation) ? C'est l'humeur des joueuses, lesquelles, pour élever leur conduite sur celle des femmes qui sont assez sages pour n'aimer pas le jeu, les accusent de galanterie, leur maxime étant qu'*une femme doit jouer ou faire l'amour*. Mais celles qui étaient les plus maltraitées par Honorie étaient les amies de Rodéric : car la jalousie, se joignant à l'inclination maligne de médire, ajoutait à leur égard tout ce que la fureur lui pouvait inspirer. Elle n'épargnait pas même ses proches parentes qui croyaient devoir quelque affection et de la confiance à Rodéric, à cause de l'alliance ; c'était contre celles-là qu'elle se déchaînait davantage. Un jour qu'étant à table avec son mari, elle avait entamé cette matière avec tant de véhémence, et qu'elle parlait contre une de ses parentes comme d'une dissolue et qui n'avait nulle pudeur, avec des circonstances, lesquelles, bien que fausses et inventées, ne laissaient pas de faire horreur : Mais, Madame, lui dit son mari, peut-on penser ce que vous dites de son prochain, sans en avoir aucune preuve ? Est-ce par votre expérience que vous jugez si mal de la vertu de votre sexe ? On ne devrait soupçonner autrui que des faiblesses dont on est capable : pensez-vous que Dieu vous ait favorisée d'un privilége spécial ? Et quand vous voulez qu'on le croie prodigue de chasteté envers vous, est-il à présumer qu'il en soit avare envers les autres femmes ? Honorie, révoquant à injure ce qu'on venait de lui dire, s'échappa contre son mari d'une force à perdre toute considération ; elle lui dit qu'il soutenait toujours le mauvais parti ; que c'était une preuve qu'il aimait la débauche, et qu'il avait de mauvaises habitudes avec celles dont elle avait parlé ; qu'elle les ferait repentir tous deux ; qu'elle publierait partout leur commerce. Et Rodéric, ne pouvant plus souffrir que l'innocence de cette dame fût plus longtemps outragée, la pria de se taire, et d'un ton ferme ajouta : que la vertu de la dame était sans reproche ; qu'il n'endurerait pas qu'elle fût ainsi maltraitée par le poison de la médisance ; qu'elle valait plus qu'Honorie, laquelle il croyait elle-même si faible, que, si sa vertu n'était à l'abri de son peu de mérite, son honneur serait de long-temps plus ébranlé que de raison ; qu'elle était un tyran sans miséricorde, qui exigeait un tribut de patience des gens qui lui en devaient le moins. Il n'en fallait pas tant pour porter la fureur de cette femme jusqu'au dernier excès : elle leva la main contre son mari, qui évita le coup ; mais elle lui jeta certain meuble par la tête qui l'atteignit un peu. Il ne put endurer cette dernière insulte sans repousser l'injure, et il allait se venger, peut-être assez rudement, lorsqu'un voisin, qui vivait familièrement avec eux, survint inopinément. Rodéric s'arrêta à sa vue, et fit même signe à Honorie de se taire ; mais c'était le moyen de la faire crier davantage. Elle déclama de nouveau contre son mari ; elle l'accusa de l'avoir battue ; elle inventa mille faussetés pour le décrier, et enfin elle ne se tut qu'à faute d'haleine, qui lui manqua plutôt que sa rage, et qui la fit retirer.

Ce voisin officieux n'approuva pas ces clameurs ; mais, ne pouvant s'empêcher de croire quelque chose de ce qu'elle avait supposé, il entra dans ses intérêts et disposa aisément Rodéric à la paix, de peur du scandale qu'il craignait, et qui aurait infailliblement suivi une aventure aussi surprenante.

Honorie ne fut pas si traitable ni si timide ; elle aimait à scandaliser son mari, et à le traduire en ridicule ; elle en vint à bout, et dans peu de temps tout le quartier se divertit de cette querelle, plaignant la femme, qu'on supposait avoir été battue, et blâmant Rodéric d'avoir osé la frapper.

Il y eut pourtant enfin quelque réconciliation, et Rodéric, agissant de bonne foi, en usa selon sa coutume, c'est-à-dire comme le meilleur mari du monde, souffrant tout, et ne disant rien. Cette méchante femme en abusa plus que jamais, et résolut de s'enrichir avec ses parents aux dépens du bon homme.

Elle commença par lui enlever toutes ses pierreries et sa vaisselle d'argent ; après cela elle divertit ses meubles les plus précieux, dont il ne savait ni le nombre ni l'importance ; et enfin, le flattant pour le mieux tromper, elle lui inspira de fournir à deux de ses frères les moyens d'entreprendre un grand commerce sur mer, lequel n'est pas défendu à la noblesse de Florence ; elle lui fit entendre qu'il serait cause de leur fortune, et qu'il augmenterait en même temps la sienne, puisqu'il aurait part au profit. Elle l'obligea encore à fournir à ses sœurs de quoi les marier, alléguant que son père, qui n'avait pas trop de bien, ne pouvait pas se résoudre à les doter durant sa vie, de crainte de manquer des choses nécessaires à sa subsistance ; mais que Rodéric trouverait après sa mort de quoi se dédommager avantageusement de ses avances, et que ce n'était qu'un argent prêté, qui serait fidèlement rendu.

Les deux frères furent pareillement mis en état de trafiquer sur mer ; il leur équipa à chacun un vaisseau, et chargea sur l'un et sur l'autre de riches marchandises : le premier fut dépêché au Levant, et l'autre vers le Ponent, et ce fut là principalement que la meilleure partie de son bien fut employée.

Cependant Honorie ne rabattait rien de son orgueil et de sa vanité ordinaires; elle changeait de meubles et d'habits plus de douze fois l'année; ce n'était que festins et que régals chez lui, mais particulièrement au temps de carnaval, et aux fêtes qu'on célèbre à Florence en l'honneur de saint Jean-Baptiste, lorsque tout le monde, et surtout les gens de qualité et les riches, font des dépenses considérables à régaler leurs amis. Honorie voulait surpasser tous les autres en magnificence, et par conséquent en dépense, ce qui le consuma peu à peu ; mais il aurait trouvé en cela moins d'amertume s'il avait pu avoir une paix domestique, et attendre en repos le temps de sa décadence, ce que Honorie lui refusa toujours, devenant de plus en plus insupportable et intraitable.

Il passa ainsi environ une année, à la fin de laquelle, se trouvant n'avoir de reste de ses cent mille écus que la seule espérance du retour des vaisseaux qu'il avait envoyés sur les deux mers, il fut réduit à prendre de l'argent à intérêt sur son crédit, qui était grand, pour soutenir son train et sa dépense ; et il tarda peu à faire remarquer qu'il empruntait, et qu'il était endetté, et par l'emploi qu'il donnait tout à la fois à plusieurs gens de change, afin de lui trouver de l'argent. Il commençait à perdre son crédit, lorsqu'un jour il lui vint des nouvelles sûres que l'un des frères de son honnête épouse avait joué et perdu toute la valeur de son vaisseau ; et que l'autre, revenant de son voyage avec un vaisseau richement chargé sans l'avoir fait assurer, avait péri avec tout son bien par un naufrage. Ces malheureuses nouvelles ne furent pas plutôt sues, que les créanciers de Rodéric s'assemblèrent pour veiller à leurs intérêts ; et, ne doutant point qu'il ne fît banqueroute, ils convinrent qu'il fallait l'observer pour empêcher qu'il ne prît la fuite, n'osant encore l'arrêter, parce que le terme de leur paiement n'était pas encore venu. Rodéric, d'autre part, ne trouvant point de remède à ses malheurs, et pensant à l'engagement qu'il avait pris de demeurer dix ans sur la terre, se désespérait presque à voir seulement de loin la figure qu'il allait faire durant un si long temps, accompagné de la pauvreté, de l'infamie, et d'une femme encore pire que l'une et l'autre. Il résolut enfin de prendre la fuite, et un jour de grand matin étant monté à cheval, comme il faisait quelquefois, et sa maison étant près de la porte Prado, il sortit de la ville par cette porte. Ses créan-

ciers en furent bientôt avertis ; et ayant sur-le-champ
recouru aux magistrats pour avoir permission de le
poursuivre et de le ramener, ils coururent après, la
plupart n'ayant pas eu le temps de monter à cheval.
Rodéric n'avait pas fait encore une lieue, lorsque
d'une éminence il aperçut le monde qui venait après
lui ; il se crut, dès lors, perdu s'il suivait le grand
chemin : il résolut donc de le quitter, et de cacher sa
fuite au travers des campagnes ; mais, comme le terrain était coupé par plusieurs fossés que son cheval
n'aurait pu franchir, il le quitta, et, s'étant mis à pied,
il s'écarta dans les vignes et en d'autres endroits couverts ; et, après un assez long chemin, sans être a-
perçu de ses créanciers, il arriva enfin dans la maison de Jean-Mathieu de Brica, au dessus de Pertole,
qu'il trouva heureusement dans sa cour. Ce Jean Mathieu était fermier de Jean Delbène, Florentin ; il
donnait à manger à ses bœufs, qui revenaient du la-
bourage. Rodéric lui demanda retraite, disant qu'il
était poursuivi par ses ennemis qui voulaient le faire
mourir en prison ; mais que, s'il voulait lui aider à
sauver sa vie et sa liberté, il le ferait riche pour jamais, et que devant que quitter sa maison il en aurait des preuves certaines ; et que, s'il y manquait, il
consentait que Jean Mathieu lui-même le livrât à ceux
qui le poursuivaient. Quoique Jean Mathieu ne fût
qu'un paysan, c'était pourtant un homme de résolution
et de bon sens, qui, voyant qu'il n'y avait rien à perdre
ni à risquer à sauver Rodéric, lui promit de le mettre
à l'abri de tous dangers. Il le fit cacher sous un tas de
fagots qui était devant sa maison, et le couvrit encore de paille, de cannes et d'autres matières com-
bustibles qu'il avait ramassées pour l'usage de sa cui-
sine. A peine l'eut-il caché, que ceux qui le poursuivaient parurent, qui, n'ayant pu obtenir de Jean Mathieu, ni par menaces ni par caresses, de dire seule-

ment qu'il l'avait vu, passèrent outre ; et l'ayant inutilement cherché partout, six lieues à la ronde, ce jour-là et le lendemain, ils retournèrent à Florence.

Alors Jean Mathieu retira Rodéric du lieu où il était si bien caché, et l'ayant sommé de sa parole : « Mon frère, lui dit Rodéric, je vous ai une obligation à laquelle je dois satisfaire, et le veux ainsi de tout mon cœur ; mais, afin que vous en soyez persuadé, et que j'aie le pouvoir de m'acquitter de ma promesse, je veux vous dire qui je suis. » Et pour lors il lui raconta son histoire ; lui dit les lois qu'on lui avait imposées au sortir de l'enfer ; lui parla de son mariage, et n'oublia rien de ce que nous venons de dire ; il lui dit aussi par quel moyen il voulait l'enrichir, et le voici en peu de mots : « Toutes les fois que vous apprendrez qu'il y aura quelque femme ou fille possédée, en quelque pays que ce soit, soyez sûr, lui dit-il, que c'est moi qui la posséderai, et qui me serai rendu le maître de son corps, duquel je ne sortirai point que vous ne veniez pour m'en chasser ; et comme vous rendrez par là un service très considérable à la possédée et à ses parents, vous en tirerez tout ce que vous voudrez, soit en argent, soit en autres choses de valeur. » Jean Mathieu fut content de la proposition, et, Rodéric s'étant retiré, il arriva peu de jours après que la fille d'Ambroise-Amédée, mariée à Bonalde Tébaluci, tous deux habitants de Florence, parut avoir tous les accidents d'une démoniaque. Son mari et ses parents eurent d'abord recours aux remèdes ordinaires, même aux exorcismes ; mais tout cela ne profita point, et afin que nul ne pût douter que ce ne fût une véritable obsession du démon, cette femme parlait latin et toutes les autres langues ; elle traitait avec facilité des plus hauts points de la philosophie, et découvrit à plusieurs leurs péchés les plus cachés, et entre autres à un soldat qui avait gardé chez soi quatre ans durant une concubine vêtue en homme, ce qui étonnait tout le monde.

Le seigneur Ambroise, qui aimait sa fille, était désespéré de voir son mal au dessus de tous les remèdes, lorsque Jean Mathieu, qui avait observé tout ce qui s'était passé, le vint trouver, et osa lui promettre de guérir sa fille s'il voulait lui donner cinq cents florins, pour acheter un fonds à Pertole. Don Ambroise accepta le parti. Jean Mathieu ayant fait et ordonné quelques prières, et pratiqué quelques autres cérémonies, par forme seulement, s'approcha de l'oreille de la dame, et dit à Rodéric, qu'il savait bien être dans son corps : « Cher ami, je suis ici pour vous sommer de votre parole. — Je le veux bien, repartit Rodéric ; mais ce que son père vous donnera ne pouvant suffire pour vous faire riche, aussitôt que je serai sorti d'ici, je vais entrer dans le corps de la fille de Charles, roi de Naples, et je n'en sortirai que par vos exorcismes ; c'est pourquoi faites-y bien votre compte, et pensez à vos affaires et à votre fortune, avant que de l'entreprendre ; parce qu'après cela je vous déclare que vous n'avez plus de pouvoir sur moi, et que vous ne délivrerez plus de possédés. » Après ce peu de mots, la fille se trouva délivrée, au grand étonnement de toute la ville, et à la satisfaction des parents.

Quelque temps après, le bruit fut grand par toute l'Italie que la fille du roi Charles était possédée, et tous les autres remèdes n'ayant de rien servi, on dit au roi ce qui était arrivé à Florence en semblable cas, par le moyen de Jean Mathieu ; c'est pourquoi il l'envoya demander. Celui-ci, étant à Naples, guérit la princesse, comme il avait délivré la première ; mais Rodéric, avant de quitter le corps de la fille du roi, parla encore à Jean Mathieu : « Tu vois, lui dit-il, combien amplement je me suis acquitté de mes promesses ; te voilà riche par mon moyen ; c'est pourquoi je ne te dois plus rien aussi, et ne te présente plus devant moi, parce qu'au lieu de te faire plaisir, je te ferai du préjudice. »

Jean Mathieu retourna à Florence, chargé d'or et d'argent, car le roi lui avait fait donner plus de cinquante mille ducats, et il ne pensait plus qu'à jouir en repos de ses richesses, et à vivre doucement le reste de sa vie, sans rien entreprendre davantage, quoiqu'il ne pût croire que Rodéric pût jamais se résoudre à lui nuire. Mais la tranquillité de son esprit fut troublée peu après par les nouvelles qui vinrent à Florence que la fille de Louis VII, roi de France, était possédée comme les précédentes. Cette nouvelle l'affligea beaucoup, lorsqu'il pensait à la grande autorité du roi, auquel il ne pourrait se dispenser d'obéir, et aux dernières paroles de Rodéric. Il ne fut pas long-temps dans cette inquiétude, parce que tout le mal qu'il craignait lui arriva. Le roi, informé du don qu'avait Jean Mathieu de faire sortir les esprits des corps des possédés, envoya à Florence un simple courrier, pour le prier de venir délivrer la princesse sa fille ; mais cette première invitation n'ayant pas réussi, parce que Jean Mathieu ne voulut pas venir, feignant quelque indisposition, le roi fut contraint de le demander à la seigneurie, qui le fit obéir. Il partit donc pour Paris très triste, et fort incertain de l'événement, n'en pouvant espérer que de mauvais résultats ; étant arrivé, il représenta au roi qu'à la vérité il savait quelque chose qui avait opéré ci-devant la guérison de quelques démoniaques ; mais que ce n'était pas une conséquence qu'il pût les guérir tous, parce qu'il y avait des esprits si obstinés, qu'ils ne craignaient ni effets ni menaces, ni enchantements, ni même la religion ; qu'il ne laisserait pas néanmoins d'y faire son devoir ; mais que, si le succès ne répondait pas à ses soins, il en demandait d'avance pardon à Sa Majesté. Le roi, étant déjà fâché de ce que Jean Mathieu s'était fait prier et contraindre pour venir, fut tellement piqué de cette préface, qu'il prenait pour un effet de la mauvaise volonté du Florentin, qu'il lui répondit que, s'il ne guérissait sa fille, il le ferait pendre.

Ces paroles furent un coup de foudre pour le pauvre Jean Mathieu ; mais enfin ayant repris courage, il fit venir la possédée, et s'étant approché de son oreille, il se recommanda très humblement à Rodéric, le priant de se ressouvenir de ses services passés, et quelle serait son ingratitude s'il l'abandonnait dans un péril aussi pressant. Mais Rodéric encore plus en colère que le roi : « Traître infâme que tu es, lui dit-il, oses-tu bien encore paraître devant moi, après te l'avoir défendu ? et ton avarice ne devait-elle pas être assouvie des biens que je t'ai procurés ? L'ambition d'en avoir davantage te fera perdre ceux dont tu jouis ; tu ne te vanteras pas longtemps d'être devenu grand seigneur par mon moyen ; je te ferai sentir, et à tout le reste des mortels, qu'il est en mon pouvoir de donner et d'ôter quand il me plaît ; et avant qu'il soit peu je te ferai pendre. »

Dans cette extrémité, Jean Mathieu, se voyant déchu de tout espoir de ce côté, voulut tenter fortune d'une autre part ; et, s'étant retiré, il fit voir assez de fermeté, et dit au roi, après avoir fait retirer la princesse : « Sire, je vous ai déjà fait entendre qu'il y a certains esprits si malins et si opiniâtres qu'on ne peut prendre aucunes mesures certaines avec eux ; celui-ci est de cette espèce ; mais je veux faire une dernière épreuve, de laquelle Votre Majesté et moi en aurons du plaisir, et si elle manque, je suis en votre disposition, et j'espère que vous aurez pitié de mon innocence. Je supplie donc Votre Majesté d'ordonner que l'on fasse devant l'église de Notre-Dame un grand enclos, fermé de barrières, qui puisse contenir toute votre cour et tout le clergé de cette ville. Vous ferez garnir tout cet enclos de riches tapis d'or et de soie, et d'autres ornements les plus beaux; on élèvera au milieu un autel, sur lequel je prétends qu'on célèbre une messe dimanche au matin, à laquelle Votre Majesté et tous les princes et seigneurs de la cour assisteront dévotement, et viendront en ce lieu avec une pompe royale; la princesse y sera pareillement amenée lors du sacrifice, et vous ferez, s'il vous plaît, tenir à l'un des bouts de la place, hors de l'enceinte, vingt ou trente personnes avec des trompettes, tambours ou autres instruments de guerre et de musique faisant grand bruit, tous lesquels, aussitôt que je leur en donnerai le signal, qui sera de lever mon chapeau, joueront de leurs instruments et s'avanceront à petit pas, en jouant, vers l'enclos où sera Votre Majesté, et je crois que cette musique avec quelques autres secrets que j'y ajouterai, feront sortir cet esprit résistant.

Le roi donna incontinent ses ordres que tout fût prêt comme Jean Mathieu l'avait dit; et le dimanche étant venu, l'enceinte fut remplie de toute la cour et du clergé, et les rues aboutissantes à la place furent remplies de peuple; la messe fut célébrée avec solennité, et la démoniaque amenée dans les barrières par deux évêques et suivie de plusieurs seigneurs.

Quand Rodéric vit tant de peuple assemblé, et un si bel appareil, il en fut surpris, et dit en soi-même: Quelle est la pensée de ce faquin? Croit-il m'éblouir par cette faible pompe, moi qui suis accoutumé à voir celle du ciel, aussi bien que les fureurs de l'enfer? Il me la paiera; je le châtierai assurément de son audace. Alors Jean Mathieu s'approcha de lui, et le conjura encore de vouloir sortir ; mais le démon irrité : Est-ce là, lui dit-il, tout ce que tu sais faire? Et ce bel appareil est-il pour me tenter, ou pour éviter ma puissance, et la colère du roi? Ce sera plutôt pour te voir pendre avec plus d'ornement, et en meilleure compagnie, malheureux coquin! infâme affronteur ! Et comme il continuait à l'outrager de paroles en présence de tout le monde, Jean Mathieu crut qu'il n'avait plus de temps à perdre, et ayant donné le signal avec son chapeau, toutes les trompettes, les clairons, fifres et tambours, hauts-bois, et autres instruments ordonnés pour jouer, commencèrent à faire un bruit si grand qu'il fut facilement entendu de tous ceux qui étaient dans l'enceinte ; et comme les instruments en approchaient toujours et que le bruit en augmentait, Rodéric, qui ne s'y attendait point, en fut étonné, et, la curiosité le pressant, il demanda à Jean Mathieu (qui était encore près de lui) ce que ce bruit signifiait. A quoi Jean Mathieu, feignant de la tristesse, répondit : Hé! mon cher Rodéric, je vous plains : c'est votre femme qui vient vous retrouver. Chose merveilleuse, le trouble que conçut Rodéric à cette nouvelle fut si grand, et la crainte de retomber encore au pouvoir de cette folle fut si véhémente, que, sans avoir le loisir d'examiner si la chose était vraisemblable, ou même possible, et sans considérer l'intérêt de celui qui lui en faisait le conte, et qui pouvait raisonnablement lui être suspect, il quitta promptement le corps de la princesse, plein d'épouvante et de dépit, sans répliquer une seule parole, et retourna sur-le-champ en enfer, où il aima mieux aller rendre raison de sa commission, quoique avant le temps, que de se voir de nouveau exposé à la tyrannie du mariage, et aux douleurs, dégoûts et périls que cause une mauvaise compagne. Ainsi Belfégor, retournant en enfer, vérifia authentiquement par son rapport l'excès des maux qu'une méchante femme amène avec soi dans la maison d'un mari facile, et Jean Mathieu fit voir qu'il en savait plus que le démon même, et s'en retourna chez lui riche et content.

Quelques années après on vit aux enfers une autre aventure, qui confirma davantage combien grand est le malheur d'avoir une méchante femme. Un nouveau venu auquel, suivant la coutume, on faisait sentir pour sa bienvenue les plus rudes tourments, n'en parut pas ému davantage que si on l'eût bien caressé. Ses bourreaux, indignés de lui voir cet air indolent, si peu connu aux enfers, crurent de s'être relâchés à son égard, et que les pointes des instruments qu'ils employèrent pour la torture étaient émoussées; ils s'armèrent donc d'armes nouvelles, et d'une cruauté que leur colère augmentait, et s'étant jetés avec la dernière fureur sur ce malheureux, ils l'auraient mis en pièces mille fois, s'il avait pu autant de fois mourir; mais les damnés ne meurent pas, en souffrant pourtant mille morts à chaque moment. Celui-ci résista toujours comme auparavant, et fut muet durant la plus grande rage des coups, montrant même un air assez satisfait qui bravait tous les ministres de l'enfer. Ceux-ci, plutôt las de le tourmenter que lui de souffrir, avouèrent de n'avoir jamais rien vu de semblable, et en firent leur rapport à Lucifer, lequel, étonné d'une chose si rare, voulut lui-même le voir et l'interroger. Cet homme étendu sur la terre disait quelque chose entre ses dents, quand Lucifer arriva. «Et qui es-tu, lui dit-il, à qui tout l'enfer ne saurait faire peur, et qui comptes pour rien tous nos supplices et tous nos malheurs? Comment, seigneur, répondit l'inconnu, serait-il vrai que je suis en enfer! Hélas! je croyais n'être qu'en purgatoire, et je disais en moi-même, quand vous êtes venu, que j'étais encore bien heureux au prix de ce que j'étais en l'autre monde en la compagnie de la plus détestable femme que le soleil ait jamais vue. Durant vingt ans de mariage je n'ai pu avoir un quart d'heure de repos avec elle, et son esprit était si ingénieux à me tourmenter qu'elle me régalait tous les jours de quelque nouvelle persécution, dont la moindre surpassait tout ce que j'ai trouvé ici de plus rude et de plus cruel ; c'est la raison pour laquelle je n'ai ni gémi, ni crié, quoi qu'on m'ait pu faire ; et, si je suis en enfer, je dirai toujours qu'on y est mieux qu'avec une telle femme, plus redoutable que tout l'enfer même. »

Le prince des démons frémit à ce discours, et, avant que de se retirer, il ordonna de nouveaux supplices à ce discoureur. Mais rien ne put le faire dédire de ce qu'il avait avancé. Il disait qu'il trouverait du rafraîchissement au milieu des flammes, et que, pourvu que sa femme ne vînt pas le rejoindre et se mettre de la partie, il prendrait patience, et tous les autres maux à gré. Il tint en effet parole, et jamais on ne le vit soupirer ni se plaindre par les efforts de la douleur. Mais enfin sa femme mourut, et Lucifer, que la pitié ne toucha jamais, l'ayant reçue comme elle le méritait, la renvoya à son mari : elle le tourmenta comme elle avait de coutume, et le pauvre infortuné, rencontrant dès lors véritablement son enfer, est celui de tous les damnés qui crie le plus et qui souffre davantage.

FIN.

BIBLIOTHÈQUE CHOISIE

50 CENT. LE VOL. IN-16

En vente

1. *Les Aventures merveilleuses de Fortunatus.* 1 vol.   50 c.

2. *Lettres Portugaises.* Edition conforme à celle de 1669, précédée d'une notice bibliographique par le baron DE SOUZA. 1 vol.   50 c.

3. *Histoire de Manon Lescaut et du chevalier des Grieux*, par l'abbé PRÉVOST; Notice par JULES JANIN. 1 vol.   50 c.

4. *La Princesse de Clèves*, par Mᵐᵉ DE LA FAYETTE. 1 vol. 50 c.

5. *Merveilleuse histoire de Pierre Schlémihl*, par Adelbert DE CHAMISSO. 1 vol.   50 c.

6. *Le Diable amoureux*, par CAZOTTE. — *Le Démon marié*, par MACHIAVEL. 1 vol.   50 c.

7. *Vert-Vert. Le Carême impromptu. Le Lutrin vivant. Le Méchant.* Par GRESSET. 1 vol.   50 c.

8. *L'Ane mort et la Femme guillotinée*, par JULES JANIN. 1 vol.   50 c.

9. *L'Art de dîner en ville, à l'usage des gens de lettres*; poème en quatre chants, par COLNET. — *Le Parasite Mormon.* — *Salmis de vers et de prose.* 1 vol.   50 c.

Sous presse ou en préparation, les meilleurs ouvrages des écrivains anciens et modernes.

Il paraît deux ou trois volumes par semaine.

Paris, Imprimerie Guiraudet et Jouaust. 338, rue Saint-Honoré.